DEVOCIONAL

365
ENSINAMENTOS PODEROSOS

CAFÉ COM
CHARLES SPURGEON

15 MINUTOS POR DIA PARA SE
CONECTAR COM DEUS

KING BOOKS

CONHEÇA NOSSO LIVROS
ACESSANDO AQUI!

Copyright desta tradução © IBC - Instituto Brasileiro De Cultura, 2024

Reservados todos os direitos desta tradução e produção, pela lei 9.610 de 19.2.1998.

1ª Impressão 2025

Presidente: Paulo Roberto Houch
MTB 0083982/SP

Coordenação Editorial: Priscilla Sipans
Coordenação de Arte: Rubens Martim (capa)
Tradução: Murilo Oliveira de Castro Coelho
Preparação de Texto: MC Coelho - Produção Editorial

Vendas: Tel.: (11) 3393-7727 (comercial2@editoraonline.com.br)

Foi feito o depósito legal.
Impresso no Brasil.

Dados Internacionais de Catalogação na Publicação (CIP)
de acordo com ISBD

S772c Spurgeon, Charles

Café com Charles Spurgeon / Charles Spurgeon. - Barueri :
King Books, 2024.
160 p. ; 15,1cm x 23cm.

ISBN: 978-65-983165-9-4

1. Cristianismo. 2. Fé. 3. Espiritualidade. 4. Devocional. I. Titulo.

2024-1865   CDD 240
                             CDU 24

Elaborado por Odilio Hilario Moreira Junior - CRB-8/9949

IBC — Instituto Brasileiro de Cultura LTDA
CNPJ 04.207.648/0001-94
Avenida Juruá, 762 — Alphaville Industrial
CEP. 06455-010 — Barueri/SP
www.editoraonline.com.br

SUMÁRIO

Apresentação 05

Janeiro 08

Fevereiro 20

Março 31

Abril 43

Maio 55

Junho 68

Julho 80

Agosto 93

Setembro 106

Outubro 118

Novembro 131

Dezembro 143

Lista Temática 157

APRESENTAÇÃO

O pastor batista inglês Charles Haddon Spurgeon (1834-1892), cuja denominação foi originada do calvinismo, foi considerado o Príncipe dos Pregadores em sua época em razão da eloquência com que explicava passagens bíblicas a seus ouvintes, bem como pelo entendimento dos Evangelhos que possuía, transmitindo aos corações de milhões de pessoas esclarecimentos acerca das Escrituras.

Em sua obra intitulada "Famous leaders among men", em tradução livre: Líderes famosos da humanidade, Sarah Knowles Bolton relata que o reverendo Richard Knill visitou a família quando Charles era bastante jovem, ajoelhou-se com o rapaz no jardim e, com o braço em seu pescoço, orou por sua conversão. Em casa, pegando-o no colo, o pastor Knill, da Sociedade Missionária de Londres, afirmou: "Não sei como é, mas sinto um solene pressentimento de que essa criança pregará o Evangelho a milhares de pessoas, e Deus a abençoará com a salvação de muitas almas". Os sermões de Spurgeon foram traduzidos para quase quarenta idiomas, entre eles, árabe, armênio, bengali, búlgaro, chinês, congolês, tcheco, holandês, estoniano, francês, alemão, hindi, russo, sérvio, siríaco, tâmil e galês.

Durante a maior parte da segunda metade do século XIX, Charles Spurgeon foi o pregador mais conhecido da Inglaterra, convertendo-se ao cristianismo aos 15 anos de idade, em 1850, década em que as maiores igrejas de Londres recebiam milhares de pessoas para ouvir o jovem pregador explicar passagens da Bíblia de um modo especial, fazendo que todos conseguissem compreender os mistérios das Escrituras.

Em 1861, fundou o Tabernáculo Metropolitano, que acomodava cerca de seis mil pessoas, pouco depois de ter fundado um colégio para pastores (1856). Alguns anos mais tarde, criou um orfanato (1867), inicialmente para meninos órfãos de pai, na Londres vitoriana. Dez anos depois, foi inaugurada uma ala feminina. Em 1979, os orfanatos fecharam e deram lugar ao surgimento de uma instituição de caridade que continua a apoiar crianças e famílias vulneráveis em todo o país.

Durante cinquenta e sete anos, Charles Spurgeon pregava de quatro a dez vezes por semana, lia seis livros substanciais, revisava sermões para publicação, dava palestras e editava uma revista mensal. Ele escreveu cerca de 150 livros. A revista mensal editada por Spurgeon, intitulada *The Sword and the Trowel* (A Espada e a Espátula), começou a ser publicada em 1865, contendo artigos, poesias e resenhas de livros, apresentando, ainda, reflexões sobre seus sermões, bem como uma rica fonte de material sobre o contexto de seu ministério, uma visão esclarecedora dos acontecimentos semanais no Tabernáculo Metropolitano. A revista foi publicada originalmente em Londres, pela Passmore and Alabaster, até 1884.

Charles Spurgeon foi um instrumento verdadeiramente único do Senhor Jesus Cristo. Um dos aspectos mais notáveis de sua vida e legado é que ele deu um exemplo de como deve ser a virtude cristã em seu ministério. No que diz respeito a pregar o Evangelho, sua paixão pelo evangelismo é vista em todas as facetas de sua vida, pregações e sermões centrados em Cristo. Durante sua vida, ele levou a Palavra de Deus a mais de um milhão de pessoas, e batizou pessoalmente 15 mil novos crentes convertidos em sua igreja.

As vendas de seus sermões impressos nos Estados Unidos foram inicialmente ainda maiores do que na Inglaterra, e do primeiro volume encadernado, cerca de vinte mil exemplares foram vendidos em muito pouco tempo. Em alguns anos, estimou-se algo em torno de meio milhão de volumes. O Norte e o Sul estavam em antagonismo e a escravatura era uma questão demasiadamente polêmica, isso antes de a grande Guerra Civil acontecer. Spurgeon sentiu que deveria se opor a todo o sistema escravagista em seus sermões, e imediatamente as vendas nos Estados do Sul despencaram, passando a receber dezenas de cartas insultuosas e ameaçadoras. Além disso, foi uma oportunidade para escritores e oradores caluniarem o jovem pregador, os quais alegavam que ele só publicava críticas aos proprietários de escravos para ganhar dinheiro e, assim, poder imprimir mais de seus discursos, e que acumulava tesouros na terra.

Charles Haddon Spurgeon faleceu em 31 de janeiro de 1892, após ter suportado vinte e quatro anos de problemas de saúde. Aos 57 anos de idade, o "Príncipe dos Pregadores" foi para o Senhor, em Menton, perto de Nice, no Sudeste da França. Agora, na luz e na glória do céu, ele finalmente está livre da dor e vê a face de seu Salvador.

Quer seja para um avivamento, quer seja para obter a força necessária para superar os desafios cotidianos, este livro devocional vai oferecer a você, prezado leitor, reflexões diárias profundas e inspiradoras, proporcionando conforto e encorajamento, além de desafiá-lo a aprofundar a sua fé e prática cristã. Ao iniciar o dia com uma meditação matinal ou ao encontrar momentos de tranquilidade durante a noite, você será guiado através de uma jornada espiritual contínua que vai fortalecer a sua relação com Deus.

Que cada trecho das pregações de Charles Spurgeon possa servir como uma luz capaz de iluminar os nossos conhecimentos, ainda que como pequenas velas acesas em meio à escuridão das lágrimas, dos sofrimentos e das necessidades de toda ordem, servindo como veículos da santa consolação das palavras de nosso Senhor Jesus Cristo.

01-02 JANEIRO

1º DE JANEIRO

"Assim também Cristo, oferecendo-se uma vez para tirar os pecados de muitos, aparecerá segunda vez, sem pecado, aos que o esperam para salvação." Hebreus, 9:28

Se você acordar assustado e encontrar sua casa pegando fogo, não deve dizer a si mesmo: "Espero que eu esteja realmente acordado!". Você vai querer escapar da ameaça de morte e, por isso, sair e não perecer onde está. Seria uma vantagem questionável ser despertado e, ainda assim, não escapar do perigo. Lembre-se de que despertar não é salvação. Uma pessoa pode saber que está perdida e, ainda assim, nunca ser salva. Nosso despertar não é para ajudar o Salvador, mas para nos ajudar a chegar ao Salvador.

Não é o que você sente que o salvará, mas o que Jesus sentiu. Uma pessoa que se recusa a olhar para Jesus, mas persiste em seu pecado, lembra um menino que deixou cair uma moeda em uma grade aberta de um esgoto e ficou lá por horas, encontrando conforto ao dizer: "Rolou bem ali! Eu a vi cair bem entre aquelas duas barras de ferro". Pobre alma! Por muito tempo ele se lembraria dos detalhes de sua perda antes que, dessa forma, conseguisse colocar de volta no bolso um único centavo para comprar um pedaço de pão.

A razão pela qual podemos esperar o perdão dos pecados e a vida eterna, pela fé no Senhor Jesus, é que Deus assim determinou. Ele se comprometeu a salvar todos os que verdadeiramente confiam no Senhor Jesus, e jamais voltará atrás em sua promessa. Ele opera a salvação para todos os que buscam essa salvação no Redentor. "Aquele que crê no Filho tem a vida eterna", pois se você confiar somente em Jesus, não precisará temer, mas será efetivamente salvo, tanto agora quanto no dia do Seu aparecimento.

2 DE JANEIRO

"Todo o que é nascido de Deus vence o mundo; e esta é a vitória que vence o mundo: a nossa fé." I João, 5:4

O texto fala de uma grande vitória, menciona um grande nascimento e exalta uma grande graça, por meio da qual vencemos o mundo. Travamos uma batalha na qual mesmo o corajoso pode tremer se não se lembrar de que o Senhor está ao seu lado. Jesus Cristo é a força de sua vida. Leve sua religião para todos os lugares, caso contrário, Deus sabe que não é religião de forma alguma. A fé diz: "Tenho uma esperança guardada no céu. Uma esperança que não se desvanece, eternamente bela, dourada, uma coroa de vida". Essa esperança da glória supera todas as esperanças do mundo.

03-05 JANEIRO

3 DE JANEIRO

"Porque nós somos para com Deus o bom perfume de Cristo, tanto nos que são salvos como nos que se perdem." 2 Coríntios, 2:15

As palavras de Paulo são verdadeiras com relação a todos aqueles que, pelo Espírito, são escolhidos. No final de sua carreira ministerial afirmou: "Graças a Deus, que sempre nos faz triunfar em Cristo!". O Evangelho é o próprio sol da justiça para o mundo, a melhor dádiva de Deus, e nada pode ser comparável à vasta quantidade de benefícios que ele concede à raça humana, para todos que ouvem seu som com um coração aberto. Pela graça de Deus, pessoas injustas se tornaram honestas ao se curvarem diante do cetro de Jesus.

4 DE JANEIRO

"A voz do que clama no deserto: Preparai o caminho do Senhor, endireitai as suas veredas." Lucas, 3:4

Fique atento à proclamação do Mestre e dê a Ele um caminho para o seu coração. A orgulhosa suficiência da criatura e a arrogante justiça própria devem ser nivelados para abrir uma estrada para o Rei dos reis. A comunhão divina nunca é concedida a pecadores altivos e de mente elevada. O Senhor respeita os humildes e visita os contritos de coração. Cuide para que você seja verdadeiro em todas as coisas, pois Deus sonda o coração. Que o Senhor possa encontrar em seu coração uma estrada preparada por Sua graça, para que Ele possa fazer um progresso triunfal em sua alma.

5 DE JANEIRO

"Tu, Senhor, és bom, e pronto a perdoar, e abundante em benignidade para todos os que te invocam." Salmos, 86:5

Deus tem o mesmo poder de perdoar pecados de sempre, pois o sangue de Jesus é bastante poderoso para purificar. Há o mesmo poder do Espírito Santo para mudar sua natureza como sempre houve. Aquele que transformou Saulo de Tarso de inimigo em Apóstolo pode fazer exatamente o mesmo com você. Antigamente, a conversão era comparada à ressurreição dos mortos, e Aquele que vivificou muitas almas mortas pode vivificar a sua! Ela também foi chamada para ser uma nova criação, e Aquele que fez novas todas as coisas em outras pessoas pode fazer o mesmo em você!

6 DE JANEIRO

"A ti, ó fortaleza minha, cantarei Salmos, porque Deus é a minha defesa e o Deus da minha misericórdia." Salmos, 59:17

O louvor é o ensaio da canção eterna. Pela graça, aprendemos a cantar, e na glória continuaremos a louvar. Louve ao Senhor por Sua misericórdia quando você estiver saudável, mas certifique-se de fazê-lo também quando estiver doente. Se eu não louvasse e bendissesse a Cristo, mereceria ter a língua arrancada da minha boca. Se eu não bendissesse e engrandecesse Seu nome, mereceria que cada pedra que eu pisasse nas ruas se levantasse para amaldiçoar minha ingratidão, pois sou devedor da misericórdia de Deus, do amor infinito e da Sua compaixão, da cabeça aos pés.

7 DE JANEIRO

"Ele verá a sua descendência, prolongará os seus dias, e o prazer do Senhor prosperará na sua mão." Isaías, 53:10

Rogue pelo cumprimento dessa promessa como demonstração de que você ama o Senhor. É uma tarefa fácil orar quando estamos fundamentados nas promessas de Deus. Sempre que estiver orando, deixe seus olhos contemplarem o amanhecer do dia abençoado que se aproxima. Tempos melhores estão diante de você. Se seus olhos não conseguem ver o futuro feliz, pegue emprestado o telescópio da fé, limpe do vidro o sopro nebuloso de suas dúvidas, e contemple a glória vindoura. Lembre-se de que sua oração fervorosa elevará o espírito de todas as suas devoções.

8 DE JANEIRO

"Tendo sido justificados pela fé, temos paz com Deus, por nosso Senhor Jesus Cristo." Romanos, 5:1

A justificação cristã aos olhos do mundo vem de Deus, bem como a salvação. Haverá um tempo em que os filhos de Deus serão livres de toda calúnia, em que a falsidade será varrida, e eles serão justificados. Seus caluniadores não terão nada a dizer contra eles, mas terão a admiração que um universo reunido dá àquele que faz todas as coisas bem. Sua retidão, sua completa purificação das calúnias da inveja virá do Senhor, que limpará toda mancha. O caráter dos santos será justificado pelo próprio Deus. Que esta seja nossa palavra de ordem animadora: "Nossa justiça vem do Senhor".

9 DE JANEIRO

"Todos nós andávamos desgarrados como ovelhas; cada um se desviava pelo seu caminho, e o Senhor fez cair sobre ele a iniquidade de todos nós." Isaías, 53:6

O povo eleito de Deus confessa: "Todos nós, como ovelhas, nos desviamos". A confissão é uma desistência de todos os argumentos de justiça própria. É a declaração de culpa, sem desculpas, e a frase seguinte a torna quase uma canção: "O Senhor fez cair sobre ele a iniquidade de todos nós". Agora, a misericórdia reina, e as almas cansadas encontram descanso. O Salvador ferido é a cura dos corações. A mais humilde penitência dá lugar a uma confiança segura pelo simples fato de olhar para Cristo na cruz!

10 DE JANEIRO

"Onde está o Espírito do Senhor, aí há liberdade." 2 Coríntios, 3:17

A liberdade é o direito de todo ser humano. Ele pode ter nascido pobre. Pode ser um enjeitado. Sua ascendência pode ser totalmente desconhecida. Mas a liberdade é seu direito inalienável. Sua pele pode ser negra. Ele pode viver sem educação e sem instrução. Ele pode ser pobre e nunca tenha um metro de terra para chamar de seu. É verdade que todos têm direito à liberdade, mas só a encontramos onde há o Espírito do Senhor. Esse é o melhor presente. Somos livres para o Céu. Você tem o passaporte que o deixará entrar nos domínios de Deus, em cujo portão está escrito: "Somente os justos são admitidos aqui".

11 DE JANEIRO

"Vinde, e subamos ao monte do Senhor." Isaías, 2:3

É extremamente benéfico para nossa alma nos elevarmos acima deste mundo para algo mais nobre. O engano das riquezas tende a sufocar tudo o que há de bom dentro de nós. É bom cortar esses espinhos, pois a semente celestial semeada entre eles não produzirá frutos. A comunhão com Deus é uma foice para cortá-los. Deixe as névoas do medo e da ansiedade e todos os males que se acumulam neste vale da Terra e suba as montanhas das bênçãos esperadas. Que o Espírito Santo corte as cordas que nos prendem aqui embaixo e nos conceda a graça de atingir o topo da montanha, para lá nos entregarmos à comunhão com o Altíssimo.

12 DE JANEIRO

"A terra em que estás deitado, a ti a darei." Gênesis, 28:13

Se você, com fé, crer em uma promessa e descansar nela, ela é sua. Jacó permaneceu acreditando e descansou. Esticando seu corpo cansado sobre o chão, tornou-se proprietário da terra onde estava deitado. Todas as promessas de Deus são verdadeiras em Cristo Jesus e, como Ele é nosso, toda promessa é nossa, se apenas acreditarmos nela. Use as palavras de seu Senhor como travesseiro, deite-se em paz. Sonhe somente com Jesus, a Sua escada de luz. Veja os anjos indo e vindo entre sua alma e seu Deus, e tenha certeza de que a promessa é dada por Deus e que deve tomá-la para si mesmo, como foi dito especialmente para você.

13 DE JANEIRO

"Eu te fortalecerei." Isaías, 41:10

Quando somos chamados para servir ou sofrer, fazemos um balanço de nossa força e descobrimos que ela é menor do que pensamos e do que precisamos. Não deixe seu coração afundar enquanto tiver uma promessa para o apoiar, pois ela garante tudo o que você pode precisar. Deus tem força onipotente, e Sua promessa é que Ele será o alimento de sua alma e a saúde de seu coração. Ele dará força. Não há como dizer quanto poder Deus pode colocar em uma pessoa. Quando a força divina chegar, a fraqueza humana deixará de ser um obstáculo. Deus dará forças inesperadas quando provações incomuns o atingirem, e fortalecerá você segundo a Sua palavra.

14-16 JANEIRO

14 DE JANEIRO

"Bem-aventurados os puros de coração, porque eles verão a Deus." Mateus, 5:8

Precisamos ser purificados por dentro pelo Espírito e pela Palavra, e então seremos purificados por fora por meio da consagração e da obediência. Há uma estreita ligação entre as afeições e o entendimento: se amarmos o mal, não poderemos entender o que é bom; se o coração for sujo, os olhos serão turvos. Em Jesus, os puros de coração contemplam o Pai, Sua verdade, Seu amor, O vemos em Cristo. Somente aqueles que almejam a piedade podem dizer: "Meus olhos estão sempre voltados para o Senhor". O prazer da comunhão com Deus cria a pureza do coração e da vida. Senhor, faça-nos puros de coração para que possamos vê-Lo!

15 DE JANEIRO

"Aquele que vem a mim, de modo algum o lançarei fora." João, 6:37

Entre as almas, não há nenhuma que possa dizer: "Fui a Jesus, mas Ele me rejeitou". Não é possível que você seja o primeiro a quem Jesus faltará com Sua palavra. Se você for falar com Jesus agora sobre os males de hoje, pode ter certeza de que Ele não recusará a audiência nem o expulsará. Verá que Ele não fechará a porta de Sua graça. Achegue-se a Ele, mesmo em fraqueza, com fé trêmula, com pouca esperança, e Ele não o rejeitará. Chegue por meio de oração, com louvor, e Ele o receberá. Mesmo doente, desgastado e sem valor, Ele o receberá. Volte hoje mesmo para Aquele que nunca o rejeitará.

16 DE JANEIRO

"Vinde a mim, todos os que estais cansados e oprimidos, e eu vos aliviarei." Mateus, 11:28

Encontre descanso em Jesus. Aqueles que não são salvos receberão descanso se vierem a Ele, pois Ele promete "dar" o descanso, um presente. Aceite de bom grado o que Ele dá de bom grado. Você não pode comprar nem o tomar emprestado, mas deve receber o que Ele oferece. Ele o libertará e lhe dará descanso. Se estiver "carregado" de preocupação, remorso, medo da morte, Ele o

17-19
JANEIRO

descarregará. Jesus dá descanso. Creia e confie tudo a Ele. Se você se achegar a Ele, o descanso que Ele lhe dará será seguro, santo e eterno. Ele dá um descanso que se desenvolve no céu a todos os que se achegam a Ele.

17 DE JANEIRO

"Porque o necessitado não será sempre esquecido; a esperança dos pobres não perecerá para sempre." Salmos, 9:18

Aqueles que confiam no Senhor são enriquecidos pela fé. Embora possa parecer que estão sendo negligenciados, o Senhor se lembra de Seus filhos pobres, que têm grandes expectativas. Eles creem que o Senhor lhes dará todas as coisas necessárias para esta vida, e sabem que isso funciona para o seu bem, porque têm uma comunhão ainda maior com seu Senhor, que não tinha onde reclinar a cabeça. Essa expectativa não pode perecer, pois está depositada em Cristo Jesus, que vive para sempre. Se você tiver poucos bens materiais aqui embaixo, pense na mesa real lá em cima.

18 DE JANEIRO

"E acontecerá que todo aquele que invocar o nome do Senhor será libertado." Joel, 2:32

Em vão devemos procurar a libertação em qualquer outro lugar, mas com Deus a encontramos, pois temos a Sua promessa para garantir isso. Não precisamos perguntar se podemos invocá-Lo ou não, pois a expressão "quem quer que seja" é abrangente, significa todos que invocam a Deus. Siga a orientação do texto e invoque o glorioso Senhor que fez uma promessa tão grande, Ele descobrirá maneiras e meios de cumpri-la. Cabe a você obedecer às Suas ordens como Seu servo. Invoque-O, e Ele o livrará.

19 DE JANEIRO

"E ele disse: Certamente eu serei contigo." Êxodo, 3:12

O Senhor enviou Moisés em uma missão, e não o deixou ir sozinho. O tremendo risco que isso envolveria tornaria ridículo o fato de Deus enviar um

20-21 JANEIRO

pobre hebreu solitário para enfrentar o rei mais poderoso de todo o mundo e, depois, deixá-lo sozinho. Deus jamais colocaria o pobre Moisés contra o Faraó e as enormes forças do Egito. Por isso, Ele disse: "Certamente estarei contigo". Se você tiver uma simples confiança no poder de Deus e um único olhar para Sua glória, é certo que Ele estará com você, e terá sucesso. Tome cuidado para agir dignamente em relação a essa promessa. Não vá timidamente, sem convicção, porque tem Deus em sua companhia. Assim, faça como Moisés e vá até o Faraó sem medo.

20 DE JANEIRO

"Se com a tua boca confessares ao Senhor Jesus, e em teu coração creres que Deus o ressuscitou dentre os mortos, serás salvo."
Romanos, 10:9

A confissão deve ser feita com a boca. Confesse abertamente sua fé em Jesus como o Salvador que Deus ressuscitou dos mortos. Também é preciso acreditar com o coração no Senhor Jesus ressuscitado. Confie n'Ele como sua única esperança de salvação. Essa confiança deve vir do seu coração, então estará salvo. O texto diz claro como o Sol: "Serás salvo". Pleiteie essa promessa perante Deus neste momento, durante toda a vida, na hora da morte e no Dia do Juízo. Deus disse isso: "Você será salvo". Creia nisso. Glória a Deus para todo o sempre!

21 DE JANEIRO

"Ao que vencer, dar-lhe-ei a comer da árvore da vida, que está no meio do paraíso de Deus." Apocalipse, 2:7

Devemos lutar se quisermos reinar, e devemos continuar até vencermos, ou então essa promessa não é para nós, pois é apenas para "aquele que vencer". Devemos vencer nossa fraqueza de coração e a tendência de nos afastarmos de Deus. Se, pela graça, vencermos, porque seguimos a Jesus, seremos admitidos no paraíso de Deus e teremos permissão para chegar à árvore da vida. Assim, ganharemos a vida eterna. Vamos, crie coragem! Fugir do conflito será perder as alegrias do novo e melhor Éden. Lutar até a vitória é caminhar com Deus no paraíso.

22-24 JANEIRO

22 DE JANEIRO

"Bem-aventurado aquele que tem consideração pelos pobres; o Senhor o livrará no tempo da angústia." Salmos, 41:1

Pensar nos pobres é um dever do cristão. Muitos dão seu dinheiro aos pobres às pressas, sem pensar, ao passo que muitos outros não dão nada. Essa preciosa promessa pertence àqueles que "consideram" os pobres, elaboram planos para beneficiá-los e os executam. Podemos fazer mais com cuidado do que com dinheiro, e muito mais com os dois juntos. Os que consideram os pobres receberão a consideração do Senhor em tempos de aflição. Ele os livrará dos problemas, receberão uma ajuda providencial. Podem reivindicar um livramento especial, pois o Senhor não negará Sua promessa.

23 DE JANEIRO

"Deus enxugará de seus olhos toda lágrima." Apocalipse, 21:4

Se formos fiéis, a tristeza cessará e as lágrimas serão enxugadas. Haverá um novo céu e uma nova Terra, como diz o primeiro versículo deste capítulo. O terceiro versículo diz que o próprio Deus habitará entre os homens; e certamente à Sua direita há prazeres para sempre, e as lágrimas não podem mais fluir. Isso será mais glorioso do que podemos imaginar. Dentro de pouco tempo não conheceremos mais lágrimas! Ninguém pode enxugar as lágrimas como o Deus de amor, mas Ele está vindo para fazer isso. "O choro pode durar uma noite, mas a alegria vem pela manhã". Venha, Senhor, e não se demore!

24 DE JANEIRO

"Guarda e ouve todas estas palavras que eu te ordeno, para que te vá bem a ti, e a teus filhos depois de ti, para sempre, quando fizeres o que é bom e reto aos olhos do Senhor teu Deus." Deuteronômio, 12:28

Embora a salvação não seja pelas obras da lei, as bênçãos prometidas à obediência não são negadas aos servos fiéis de Deus. Devemos observar e ouvir a vontade revelada do Senhor, dando nossa atenção não a partes dela, mas sim a "todas essas palavras". Não deve haver escolha, mas um respeito imparcial a

25-27
JANEIRO

tudo o que Deus ordenou. Esse é o caminho da bênção para o Pai e para Seus filhos se eles andarem em retidão. Nenhuma bênção pode vir a nós ou aos nossos por meio da desonestidade. Tudo irá bem para nós quando estivermos bem diante de Deus. A integridade nos faz prosperar.

25 DE JANEIRO

"Verás maior do que estes." João, 1:50

Isso foi dito a uma pessoa que estava pronto para aceitar Jesus como o Filho de Deus. Aqueles que estão dispostos a ver, verão, pois é porque fechamos os olhos que nos tornamos tristemente cegos. Já vimos muito. Grandes coisas o Senhor nos mostrou, mas há verdades ainda maiores em Sua Palavra, maiores descobertas de poder, amor e sabedoria se estivermos dispostos a acreditar em nosso Senhor. Mantenha seus olhos espirituais abertos e veja mais e mais. Acredite que sua vida se transformará, que estará sempre crescendo, vendo coisas cada vez maiores, até contemplar o próprio grande Deus e nunca mais O perder de vista.

26 DE JANEIRO

"Quem rega, também será regado." Provérbios, 11:25

Se você considerar cuidadosamente os outros, Deus o considerará e, de uma forma ou de outra, Ele o recompensará. Cuide das criancinhas, e o Senhor o tratará como Seu filho. Alimente Seu rebanho, e Ele o alimentará. Regue o Seu jardim, e Ele regará a sua alma. Essa é a promessa do próprio Senhor. Cabe a você cumprir a condição e, depois, esperar seu cumprimento. Será muito mais proveitoso tornar-se altruísta e, por amor a Jesus, começar a cuidar das almas das pessoas ao seu redor. Sua cisterna parece se encher à medida que flui, porque uma fonte secreta está em ação. Quando você sai para regar os outros, o Senhor provê para você. Aleluia!

27 DE JANEIRO

"Eis que eu sou contigo, e te guardarei em todos os lugares aonde fores." Gênesis, 28:15

Em todas as terras o crente é um estrangeiro, mas o Senhor é Sua morada, assim como tem sido para Seus santos em todas as gerações. Quando Deus diz:

28-29 JANEIRO

"Eu te guardarei", não corremos perigo. Esse é um passaporte abençoado para um viajante e uma escolta celestial. Jacó nunca havia saído do quarto de seu pai antes. Ele não era um aventureiro como seu irmão. No entanto, ele foi para o exterior, e Deus foi com ele. Nenhum príncipe jamais viajou com um guarda-costas mais nobre. Mesmo quando ele dormia em um campo aberto anjos o guardavam, e o Senhor Deus falava com ele.

28 DE JANEIRO

"O meu Deus me ouvirá." Miquéias, 7:7

Os amigos podem ser infiéis, mas o Senhor não se afastará da alma graciosa; pelo contrário, Ele ouvirá todos os seus desejos. Nossa sabedoria é olhar para o Senhor. Se nossos apelos amorosos forem desconsiderados por nossos parentes, esperemos no Deus de nossa salvação, pois Ele nos ouvirá. Como Deus é o Deus vivo, Ele pode ouvir. Ele é um Deus amoroso, Ele ouvirá. Ele se comprometeu a nos ouvir. Se você puder falar d'Ele como seu Deus, poderá dizer com absoluta certeza: "Meu Deus me ouvirá". Deixe que suas tristezas se manifestem ao Senhor seu Deus! Dobre os joelhos em segredo e sussurre interiormente: "Meu Deus me ouvirá".

29 DE JANEIRO

"Para vós, que temeis o meu nome, nascerá o sol da justiça, com cura nas suas asas." Malaquias, 4:2

Essa graciosa palavra é para uso diário. A noite está se aprofundando em uma escuridão mais densa? Não se desespere, porque o Sol ainda vai nascer. Quando a noite é mais escura, é justamente a hora em que o amanhecer está mais próximo. Jesus vem com justiça e misericórdia para nos salvar. Ele demonstra tanto a santidade de Deus quanto o Seu amor. Nossa libertação será segura porque é justa. Reverencie o Deus vivo e ande em Seus caminhos. Então, a noite será curta, e quando a manhã chegar, todas as doenças e tristezas de sua alma terão acabado para sempre.

30 DE JANEIRO

"E saireis, e crescereis como bezerros do curral." Malaquias, 4:2

Quando o Sol brilha, os doentes deixam seus aposentos e saem para respirar o ar fresco. Quando o Sol traz a primavera e o verão, o gado deixa seus estábulos e procura pasto nos locais mais altos. Deixe o desânimo e saia para os campos da santa confiança. "Sair" e "crescer" é uma promessa dupla. Levante-se e ande em liberdade. Jesus disse que Suas ovelhas sairão e encontrarão pasto. Portanto, saia e alimente-se nos ricos prados do amor sem limites. Você tem o cuidado especial de seu Redentor. O Sol da Justiça se ergueu sobre você. Responda a Seus raios como os botões respondem ao Sol natural. Cresça n'Ele.

31 DE JANEIRO

"Naquele ano comeram do fruto da terra de Canaã." Josué, 5:12

As cansativas andanças de Israel haviam terminado, e o descanso prometido foi alcançado. Não havia mais tendas móveis, tiveram leite e mel, e comeram o trigo da terra. Este ano você terá perspectiva de alegria e, se a fé for exercida ativamente, ela produzirá prazer inabalável. Estar com Jesus no descanso que resta ao povo de Deus é, de fato, uma esperança animadora. Tenha a certeza de que já passou por mais males do que a sua pior forma pode causar. Você deve banir todo pensamento temeroso e ter grande alegria com a perspectiva de que este ano você estará sempre na companhia do Senhor.

01-02 FEVEREIRO

1º DE FEVEREIRO

"Nós nos alegraremos e nos regozijaremos em Ti." Canção de Salomão, 1:4

Nós nos alegraremos e nos regozijaremos em Ti. Não abriremos os portões do ano para as notas tristes da cítara, mas para as doces melodias da harpa da alegria e dos címbalos de júbilo. "Vinde, cantemos ao Senhor; façamos júbilo à rocha da nossa salvação". Nós, os chamados, fiéis e escolhidos, afastaremos nossas tristezas e ergueremos nossas bandeiras de confiança no nome de Deus, magnificaremos o Senhor com alegria. Espírito Eterno, nosso Consolador eficaz, nós, que somos os templos em que Tu habitas, nunca deixaremos de adorar e abençoar o nome de Jesus.

Estamos decididos a isso, Jesus deve ter a coroa do deleite de nosso coração. Nós não desonraremos nosso Noivo lamentando-nos em Sua presença. Fomos ordenados a ser os menestréis dos céus, vamos ensaiar nosso hino eterno antes de cantá-lo nos corredores da Nova Jerusalém. Vamos nos alegrar e nos regozijar, duas palavras com um único sentido: alegria duplicada e bênção sobre bênção. Nós nos alegraremos e nos regozijaremos n'Ele. Que céus estão guardados em Jesus! Que rios de infinita felicidade têm sua fonte, sim, e cada gota de sua plenitude n'Ele! Já que, ó doce Senhor Jesus, Tu és a porção presente de Teu povo, favorece-nos neste ano com tal senso de Tua preciosidade, que desde o primeiro até o último dia possamos nos alegrar e regozijar em Ti. Que este mês seja de total alegria no Senhor, e termine com mais alegria ainda em Jesus.

2 DE FEVEREIRO

"Não o deixarei sem conforto: Eu virei a vocês." João, 14:18

Jesus é nosso consolo. Não estamos desamparados. Nosso conforto é que Ele virá até nós, e essa promessa é suficiente para nos sustentar durante Sua ausência prolongada. Jesus já está a caminho. Ele diz: "Eu virei", e ninguém pode impedir Sua vinda ou a adiar. Sua vinda é especialmente para Seu povo. Quando perdemos a alegre sensação de Sua presença, lamentamos, mas não podemos nos lamentar como se não houvesse esperança. Nosso Senhor retornará. Suspiramos pelo retorno de Seu doce sorriso. Quando o Senhor vier até nós, teremos certeza de que aparecerá como o Sol brilhando. Não te demores, ó nosso Deus!

3 DE FEVEREIRO

"Renove o povo as suas forças." Isaías, 41:1

Todas as coisas na Terra precisam ser renovadas. Nenhuma coisa criada permanece por si mesma. Até as árvores, que não se desgastam com o cuidado nem encurtam sua vida com o trabalho precisam beber da chuva do céu e sugar os tesouros ocultos do solo. Assim como é necessário reparar o corpo por meio da refeição frequente, também devemos reparar a alma alimentando-nos da Palavra de Deus. Sem uma restauração constante, não estamos preparados para as duras aflições nem para as lutas internas. Aproxime-se da misericórdia divina em humilde súplica, e perceba o cumprimento desta promessa: "Os que esperam no Senhor renovarão as suas forças".

4 DE FEVEREIRO

"Se deres ouvidos à voz do Senhor teu Deus, abençoado serás." Deuteronômio, 28:2-3

O cotidiano é cheio de cuidados, e quem tem de ir trabalhar todos os dias descobre que é uma atividade de grande desgaste, cheia de agitação, com muitas tentações, perdas e preocupações. Mas ir para o trabalho com a bênção divina elimina as dificuldades. Permanecer com essa bênção é encontrar prazer em seus deveres e força à altura de suas exigências. Hoje, espere coisas boas por causa dessa promessa, e tenha os ouvidos abertos para ouvir a voz do Senhor e a mão pronta para executar Suas ordens. A obediência traz a bênção. "A observância de Seus mandamentos traz grande recompensa".

5 DE FEVEREIRO

"Crescei na graça e no conhecimento de nosso Senhor e Salvador Jesus Cristo." 2 Pedro, 3:18

Cresça na graça e na fé. Acredite nas promessas com mais firmeza do que você tem feito. Que sua fé aumente em plenitude, constância e simplicidade. Cresça também no amor. Peça a Deus que seu amor se torne mais intenso, influenciando cada pensamento, palavra e ação. Cresça também em humildade. Procure se rebaixar, pois à medida que você cresce para baixo em humildade

06-08 FEVEREIRO

também crescerá para cima, aproximando-se mais de Deus em oração e tendo uma comunhão mais íntima com Jesus. Que Deus, o Espírito Santo, o capacite a crescer no conhecimento de nosso Senhor e Salvador.

6 DE FEVEREIRO

"Olhando para Jesus, autor e consumador da fé." Hebreus, 12:2

Conhecer Jesus é "vida eterna", e avançar no conhecimento d'Ele é aumentar a felicidade. Quem tiver bebido desse vinho terá sede de mais, pois, embora Cristo satisfaça, ainda assim o apetite não fica cansado, mas sim aguçado. Se você conhecer o amor de Jesus, assim como o cervo anseia pelos riachos, você também ansiará por mais, pois o amor sempre clama: "Mais perto, mais perto". Não fique satisfeito sem um conhecimento cada vez maior de Jesus. Procure saber mais sobre Ele. O aumento do amor a Jesus e a compreensão mais perfeita de Seu amor por nós é uma das melhores formas de crescimento na graça.

7 DE FEVEREIRO

"Se você se voltar para o Todo-Poderoso, será edificado." Jó, 22:23

Se o pecado o derrubou, a mão do Senhor se estendeu contra você, de modo que você se empobreceu em bens e se abateu em espírito, a primeira coisa a ser feita é voltar para o Senhor. Com profundo arrependimento e fé sincera, encontre o caminho de volta. É seu dever, pois você se afastou Daquele a quem professava servir. Veja que promessa o convida! Você será "edificado". Ninguém, a não ser o Todo-Poderoso, pode erguer os pilares caídos e restaurar os muros cambaleantes de sua condição. Ele pode e fará isso se você se voltar para Ele. Não demore. A confissão sincera o aliviará, e a fé humilde o consolará.

8 DE FEVEREIRO

"E farei passar a terça parte pelo fogo, e os refinarei como se refina a prata, e os provarei como se prova o ouro; invocarão o meu nome, e eu os ouvirei." Zacarias, 13:9

A graça nos transforma em metal precioso. De bom grado, devemos ser lançados na fornalha, em vez de expulsos da presença do Senhor,

09-10 FEVEREIRO

que valoriza Seu povo como se fosse prata e, por isso, Ele se esforça para remover a escória. Se formos sábios, preferiremos aceitar o processo de refinamento a recusá-lo. Nossa oração será esta: "Senhor, estamos prontos para derreter sob o fogo ardente da chama. Sustenta-nos durante a provação e completa o processo de nossa purificação, e seremos Teus para todo o sempre".

9 DE FEVEREIRO

"Serás sua testemunha, perante todos os homens, do que tens visto e ouvido." Atos, 22:15

Paulo foi escolhido para ouvir o Senhor falando com Ele do céu, um grande privilégio que não terminou com o apóstolo. Devemos ser testemunhas daquilo que o Senhor nos revelou. Em primeiro lugar, precisamos ouvir, ou não teremos nada para contar. Esse testemunho deve ser pessoal e ser para Cristo, constante e, acima de todas as outras coisas, com a exclusão de outros assuntos. Nosso testemunho não deve ser para uns poucos selecionados, mas para todas as pessoas a quem pudermos alcançar. O texto que temos diante de nós é uma ordem e uma promessa: "Vós sois minhas testemunhas", diz o Senhor.

10 DE FEVEREIRO

"Lançando sobre ele toda a vossa ansiedade, porque ele tem cuidado de vós." 1 Pedro, 5:7

É uma maneira feliz de aliviar a tristeza quando você pode sentir: "Ele cuida de mim". Venha, lance seu fardo sobre o Senhor. Nada é tão doce quanto deitar-se passivamente nas mãos de Deus, e não conhecer outra vontade senão a d'Ele. Deus, que alimenta os pardais, também lhe fornecerá o que você precisa. Seus olhos estão fixos em você, Sua mão onipotente lhe trará a ajuda necessária. Ele ligará suas feridas e curará seu coração partido. Você pode confiar n'Ele, pois Ele nunca se recusou a carregar seus fardos. Deixe todas as suas preocupações nas mãos de um Deus gracioso.

11-13 FEVEREIRO

11 DE FEVEREIRO

"Derramarei o meu Espírito sobre a tua semente, e a minha bênção sobre os teus descendentes." Isaías, 44:3

Nossos queridos filhos não têm o Espírito de Deus por natureza. Vemos coisas neles que nos fazem temer quanto ao seu futuro, e isso nos leva a orações angustiantes. Quando um filho se torna especialmente perverso, clamamos com Abraão: "Oh, que Ismael viva diante de ti!". Essa é uma daquelas promessas para momentos específicos, que devemos orar por nossos descendentes. Não podemos lhes dar um coração novo, mas o Espírito Santo pode. O grande Pai tem prazer nas orações de pais e mães. Não descansemos até que eles estejam fechados dentro da arca conosco pela própria mão do Senhor.

12 DE FEVEREIRO

"E disse o Senhor a Abraão, depois que Ló se separou dele: Levanta agora os teus olhos, e olha desde o lugar em que estás para o norte, e para o sul, e para o oriente, e para o ocidente; porque toda a terra que vês, a ti a darei, e à tua descendência para sempre." Gênesis, 13:14-15

Após Abrão ter resolvido uma disputa familiar, ele recebeu uma bênção especial. Ele disse: "Peço-te que não haja contenda entre mim e ti, porque somos irmãos", e por isso o Senhor garantiu a terra a Abraão e à sua posteridade, por ter escolhido o caminho da paz. Quando agradamos ao Senhor, Ele nos faz olhar para todos os lados e ver que todas as coisas são nossas, as presentes e as futuras, e nós somos de Cristo, e Cristo é de Deus.

13 DE FEVEREIRO

"O que confia no Senhor, a misericórdia o cercará." Salmos, 32:10

O confiante sabe que não tem merecimento algum, mas a misericórdia entra e derrama bençãos sobre ele. Ó, Senhor, dá-me essa misericórdia, assim como eu confio em Ti! Nós habitamos em Cristo Jesus. Assim como o ar nos envolve, a misericórdia do Senhor também o faz. Davi diz: "Alegrai-vos no Senhor e regozijai-vos, ó justos, e exultai, vós todos os que sois retos de coração". Em obediência a esse preceito, meu coração triunfará em Deus e manifestarei minha alegria. Assim como Tu me cercaste de misericórdia, também cercarei os Teus altares com cânticos de ação de graças!

14 DE FEVEREIRO

"Para mim o viver é Cristo." Filipenses, 1:21

O crente nem sempre viveu para Cristo. Ele começou a fazê-lo quando Deus, o Espírito Santo, o convenceu do pecado e quando, pela graça, ele foi levado a ver o Salvador fazendo uma propiciação por sua culpa. A partir do momento do novo e celestial nascimento, começa a viver para Cristo. Para os crentes, Jesus é a única pérola de grande valor, pela qual estamos dispostos a nos desfazer de tudo o que temos. Ele conquistou nosso amor de forma tão completa, que só Ele é importante, viveríamos para Sua glória e morreríamos em defesa de Seu evangelho. Ele é o padrão de nossa vida e o modelo segundo o qual devemos esculpir nosso caráter.

15 DE FEVEREIRO

"O justo viverá pela fé; se ele recuar, a minha alma não tem prazer nele." Hebreus, 10:38

Para o apóstolo Paulo, Jesus era sua respiração, a alma de sua alma, o coração de seu coração, a vida de sua vida. Você pode dizer, como cristão professo, que vive de acordo com essa ideia? Você pode dizer honestamente que, para você, viver é Cristo? O cristão professa viver para Cristo. Há muitos que seguem esse princípio em alguma medida, mas quem se atreve a dizer que vive totalmente para Cristo, como o apóstolo fez? Somente isso é a verdadeira vida de um cristão, tudo reunido em uma palavra: Jesus. Senhor, aceite-me, eu me apresento aqui, orando para viver somente em Ti e para Ti.

16 DE FEVEREIRO

"Teu amor é melhor do que o vinho." Cântico de Salomão, 1:2

Nada dá ao crente tanta alegria quanto a comunhão com Cristo. Ele desfruta das misericórdias da vida como os outros, pode se alegrar tanto com as dádivas

17-18
FEVEREIRO

quanto com as obras de Deus, mas em todas essas coisas separadamente, bem como em todas elas somadas, não encontra prazer tão substancial quanto na pessoa incomparável de seu Senhor Jesus. Ele tem vinho que nenhum vinhedo da Terra jamais produziu, pão que todos os campos do Egito jamais poderiam produzir. Em nenhum lugar encontra tanta doçura como a que experimenta na comunhão com Jesus. Prefere um gole do amor de Cristo a um mundo inteiro cheio de prazeres carnais.

17 DE FEVEREIRO

"E Jesus lhes disse: Eu sou o pão da vida; aquele que vem a mim não terá fome, e quem crê em mim nunca terá sede." João, 6:35

Se você é cristão, confessará que suas alegrias mais elevadas, mais puras e mais duradouras provêm da árvore da vida, que está no meio do Paraíso de Deus. Nenhuma fonte produz água tão doce quanto aquele poço de Deus. Toda a felicidade terrena é terrena, mas os confortos da presença de Cristo são como Ele mesmo, celestiais. Em nossa comunhão com Jesus não encontramos arrependimentos. A alegria do Senhor é sólida e duradoura, digna de ser chamada, no tempo e na eternidade, de o único e verdadeiro deleite.

18 DE FEVEREIRO

"O Senhor tem se lembrado de nós; ele nos abençoará." Salmos, 115:12

Deus pensa em nós, cuida de nós, nos consola, nos liberta e nos guia. Em todos os movimentos de Sua providência, Ele se preocupa conosco, nunca negligenciando. Sua mente tem estado cheia de nós. Esse tem sido o caso o tempo todo e sem uma única interrupção. Em momentos especiais, vemos mais claramente essa atenção, e os relembramos com gratidão transbordante. Sim, "o Senhor tem se lembrado de nós". Como Deus é imutável, Ele continuará a se lembrar de nós no futuro, assim como fez no passado. "Ele nos abençoará". Isso significa coisas grandiosas, a promessa de seu alcance infinito. Portanto, diga: "Bendize, ó minha alma, ao Senhor!"

19-21 FEVEREIRO

19 DE FEVEREIRO

"Sede, pois, fortes, e não se enfraqueçam as vossas mãos, porque a vossa obra será recompensada." 2 Crônicas, 15:7

Deus tem feito grandes coisas. Não permita que seus pés sejam vacilantes nos caminhos do Senhor nem seu coração hesitante. A intenção do Senhor é confirmá-lo em Seu caminho e fortalecê-lo em retidão. Deus merece ser servido com toda a energia de que somos capazes. Se o serviço a Deus vale alguma coisa, vale tudo. Encontraremos nossa melhor recompensa na obra de Deus se a fizermos com diligência. Nosso trabalho não é em vão no Senhor, e sabemos disso. O trabalho trará recompensa, mas quando dedicarmos toda a nossa alma à causa veremos a prosperidade.

20 DE FEVEREIRO

"Ele cumprirá o desejo dos que o temem; ouvirá o seu clamor e os salvará." Salmos, 145:19

O Espírito de Deus produz esse desejo em nós e, portanto, Ele o atenderá. É Ele que instiga o clamor e, portanto, o ouvirá. Aqueles que O temem são pessoas sob a mais santa influência e, portanto, desejam ser úteis, ser uma bênção para os outros e, assim, honrar seu Senhor. Quando desejam suprimento para suas necessidades, ajuda sob os fardos, orientação na perplexidade, libertação na angústia com um desejo forte, eles clamam e então o Senhor trabalha de forma mais abrangente, faz tudo o que é necessário de acordo com esta Palavra: "os salvará". Se clamar ao Senhor, sua salvação é certa.

21 DE FEVEREIRO

"O Senhor te guiará continuamente." Isaías, 58:11

Perdeu seu caminho? Está emaranhado em um bosque escuro e não consegue encontrar suas veredas? Veja a salvação de Deus. Ele conhece o caminho e o guiará se você clamar a Ele. Cada dia traz sua perplexidade. Como é bom sentir que a orientação do Senhor é contínua! Se você escolher o caminho ou consultar a carne e o sangue, rejeitará a orientação do Senhor, mas se você se abstiver da vontade própria, Ele orientará cada passo de seu caminho, cada hora do dia, cada dia do ano e cada ano de sua vida. Se você deixar que Ele o guie, Ele o guiará. Se entregar seu caminho ao Senhor, Ele dirigirá seu curso para que não se perca.

22 DE FEVEREIRO

"Abençoará os que temem ao Senhor, tanto pequenos como grandes." Salmos, 115:13

Deus tem uma consideração muito graciosa por aqueles que não têm propriedades, pouco talento, pouca influência. Deus se preocupa com as pequenas coisas da criação e até com os pardais. Nada é pequeno para Deus, pois Ele faz uso de agentes insignificantes para a realização de Seus propósitos. Todos os que temem o Senhor são abençoados. A pequena fé é uma fé abençoada. A esperança trêmula é uma esperança abençoada. Toda graça do Espírito Santo, mesmo que esteja apenas no início, traz em si uma bênção. Jesus se comprometeu a preservar tanto os cordeiros quanto as ovelhas adultas.

23 DE FEVEREIRO

"Sirva ao Senhor com alegria." Salmos, 100:2

Nosso Deus é o Senhor do império do amor e gostaria que Seus servos se vestissem com as vestes da alegria. Os anjos de Deus O servem com canções, não com gemidos. A obediência que não é voluntária é desobediência, pois o Senhor olha para o coração e, se perceber que O servimos por obrigação, e não porque O amamos, Ele rejeitará nossa oferta. O serviço aliado à alegria é verdadeiro. A alegria é o suporte de nossa força. Na alegria do Senhor somos fortes. Aquele que é alegre em seu serviço a Deus pode cantar: "Faze-me andar em Teus mandamentos, um caminho agradável". Que nossa alegria proclame que servimos a um bom Mestre.

24 DE FEVEREIRO

"Está guardada para mim uma coroa de justiça." 2 Timóteo, 4:8

Todo o povo de Deus entrará no céu. Há uma frase pitoresca de um homem moribundo que exclamou: "Não tenho medo de voltar para casa; mandei tudo

25-26 FEVEREIRO

à minha frente; o dedo de Deus está no trinco da minha porta e estou pronto para Ele entrar". Mas alguém perguntou: "Você não tem medo de perder sua herança?". Ele respondeu: "Não. Há uma coroa no céu que o anjo Gabriel não pode usar, ela não cabe em outra cabeça senão a minha. Há um trono no céu que Paulo, o apóstolo, não pode ocupar; ele foi feito para mim, e eu o terei". Ó cristão, que pensamento tão alegre! Sua coroa está segura, você não pode perdê-la, ela é garantida.

25 DE FEVEREIRO

"Se permanecerdes em mim, e as minhas palavras permanecerem em vós, pedireis o que quiserdes, e vos será feito." João, 15:7

Você precisa estar em Cristo, permanecer n'Ele para reivindicar a generosidade de Sua promessa. Permanecer em Jesus é nunca abandoná-Lo por outro amor, mas permanecer em união viva, amorosa, consciente e voluntária com Ele. O ramo não está apenas perto do tronco, mas também recebe vida dele. Há um significado mais elevado a fim de obter poder ilimitado no trono: o coração deve permanecer em amor, a mente enraizada na fé, a esperança cimentada na Palavra. Se quiser ter poder em suas súplicas, o próprio Senhor deve permanecer em você, e você, n'Ele.

26 DE FEVEREIRO

"Vós sereis chamados sacerdotes do Senhor." Isaías, 61:6

Devemos viver para Deus de forma tão distinta que as pessoas verão que fomos separados para o serviço sagrado do Senhor. Podemos trabalhar ou negociar como os outros fazem e, ainda assim, servos ministradores de Deus. Nossa única ocupação será apresentar o sacrifício perpétuo de oração, louvor, testemunho e consagração ao Deus vivo por meio de Jesus Cristo. Está escrito: "Os estrangeiros apascentarão os vossos rebanhos, e os filhos dos estrangeiros serão os vossos lavradores". Eles podem administrar a política, resolver problemas financeiros, discutir ciência, mas nós devemos nos dedicar ao serviço que cabe aos que, como Jesus, foram ordenados a um sacerdócio perpétuo.

27 DE FEVEREIRO

"O lábio da verdade se firmará para sempre, mas a língua mentirosa dura apenas um momento." Provérbios, 12:19

Se eu falei a verdade e, por enquanto, tenho de sofrer por isso, devo me contentar em esperar. Se também acreditar na verdade de Deus e me esforçar para declará-la, talvez encontre oposição, mas não preciso temer, pois no final a verdade prevalece. Que coisa ruim é o triunfo temporário da falsidade! "Um lábio mentiroso é apenas por um momento!". É uma mera erva que nasce em uma noite e perece no dia seguinte, e quanto maior seu desenvolvimento, mais manifesta é sua decadência. Por outro lado, quão dignas são a declaração e a defesa da verdade que nunca podem mudar. O evangelho eterno é estabelecido na verdade imutável de um Deus imutável!

28 DE FEVEREIRO

"Sabendo em vós mesmos que tendes nos céus uma substância melhor e mais duradoura." Hebreus, 10:34

Deus nos deu a promessa de um imóvel na terra da glória, e essa promessa chega ao nosso coração, que temos uma substância duradoura lá. Sim, nós a temos mesmo agora. O céu já é nosso. Temos o título de propriedade dele, temos o penhor dele, temos as primícias dele. Podemos perder o dinheiro que gastamos, mas nosso tesouro está seguro, pois o Salvador vive, e o lugar que Ele preparou para nós permanece. Há uma terra melhor, uma substância melhor, uma promessa melhor, e tudo isso nos chega por meio de um convênio melhor. Portanto, tenha um espírito melhor e diga ao Senhor: "Todos os dias te abençoarei e louvarei o teu nome para todo o sempre".

1º DE MARÇO

"Cantarão nos caminhos do Senhor." Salmos, 138:5

O momento em que os cristãos começam a cantar nos caminhos do Senhor é quando perdem seu fardo aos pés da cruz. As canções dos anjos não são tão doces quanto a canção de êxtase que jorra da alma do filho de Deus perdoado. Quando Jesus o encontrou Ele disse: "Eu te amei com amor eterno; apaguei como uma nuvem as tuas transgressões e como uma nuvem espessa os teus pecados; nunca mais serão mencionados contra ti". Mas não é apenas no início da vida cristã que os crentes têm motivos para cantar. Enquanto vivem, descobrem motivos para cantar nos caminhos do Senhor, e a experiência de Sua constante bondade os leva a dizer: "Bendirei ao Senhor em todo o tempo. Seu louvor estará continuamente em minha boca".

2 DE MARÇO

"Ouvi a palavra do Senhor, vós que tremeis à sua guarda: Vossos irmãos, que vos odiavam e que vos expulsavam por causa do meu nome, diziam: Seja glorificado o Senhor; mas ele aparecerá para vossa alegria, e eles se envergonharão." Isaías, 66:5

Ore por todos os que foram expulsos injustamente da sociedade. Que o Senhor apareça para a alegria deles! O texto se aplica a pessoas que seguem a palavra do Senhor, foram odiadas e, por fim, expulsas por causa de sua fidelidade e santidade. Isso deve ter sido muito amargo para elas, e ainda mais porque a expulsão foi feita em nome da religião e, declaradamente, com o objetivo de glorificar a Deus. Ele é o defensor de Seus eleitos, em uma clara libertação para os tementes a Deus e vergonha para seus opressores.

3 DE MARÇO

"A palavra de Deus é viva e eficaz, apta para discernir os pensamentos e intenções do coração." Hebreus, 4:12

Metade dos nossos medos surge da negligência da Bíblia. A Palavra de Deus será para você um baluarte e uma torre alta. Oh, cuide para que a

04-05
MARÇO

Palavra de Deus esteja em você, no íntimo de sua alma, permeando seus pensamentos, e assim operando em sua vida exterior, para que todos possam saber que você é um verdadeiro cristão, pois eles percebem isso tanto no que você diz quanto em suas ações. Cada promessa das Escrituras é um escrito de Deus, que pode ser apresentado diante d'Ele com este pedido razoável: "Faça como disseste". O Pai Celestial não violará Sua Palavra para Seus filhos.

4 DE MARÇO

"Quando deres esmola, não saiba a tua mão esquerda o que faz a tua direita, para que a tua esmola seja dada em secreto; e teu Pai, que vê em secreto, ele mesmo te recompensará publicamente." Mateus, 6:3-4

Nenhuma promessa é feita àqueles que dão aos pobres para serem vistos pelas pessoas. Doe com tanta frequência e de forma tão natural que você não perceba que ajudou os pobres mais do que se tivesse feito suas refeições regulares. Faça doações sem sequer sussurrar para si mesmo: "Como sou generoso!". Não tente recompensar a si mesmo dessa forma. Deixe o assunto com Deus, que nunca deixa de ver, registrar e recompensar. Ele cuidará da recompensa do doador secreto.

5 DE MARÇO

"Portanto, irmãos, somos devedores." Romanos, 8:12

Como criaturas de Deus, somos todos devedores a Ele, e devemos obedecê-Lo com todo o nosso corpo, alma e força. Por termos quebrado Seus mandamentos, somos devedores de Sua justiça e devemos a Ele uma grande quantia que não somos capazes de pagar. O cristão não deve nada à justiça de Deus, pois Cristo pagou a dívida de Seu povo. Por essa razão, o crente deve ainda mais ao amor, é devedor da graça e da misericórdia perdoadora de Deus, nos tornamos dez vezes mais devedores de Deus do que seríamos se não fosse assim. A Deus você se deve tudo o que tem. Entregue-se como um sacrifício vivo, pois esse é o seu serviço razoável.

6 DE MARÇO

"Ele é precioso." 1 Pedro, 2:7

Pedro nos diz que Jesus é precioso, e nenhum de nós poderia calcular o valor do dom indescritível de Deus, essencial para a nossa felicidade. O Sol brilha quando Cristo aparece em sua vida, e a brilhante estrela da manhã oferece um raio de luz. Que deserto uivante é este mundo sem nosso Senhor! Se Ele se esconder de nós, murcham as flores de nosso jardim, nossos frutos agradáveis se deterioram, os pássaros suspendem seus cantos e uma tempestade derruba nossas esperanças. Todas as velas da Terra não podem iluminar o dia se o Sol da Justiça for eclipsado. Ele é a alma de nossa alma, a luz de nossa luz, a vida de nossa vida. Bendito seja Seu nome, Jesus não permitirá que tentemos nossa sorte sem Ele, pois nunca abandona os Seus.

7 DE MARÇO

"A mim, que sou o menor de todos os santos, me foi dada esta graça de anunciar entre os gentios as riquezas de Cristo." Efésios, 3:8

O apóstolo Paulo teve o privilégio de pregar o evangelho. Ele não encarava seu chamado como um trabalho árduo, mas o fazia com intenso prazer. Se você busca humildade, experimente o trabalho árduo, tente fazer algo por Jesus, especialmente proclamar Suas riquezas. Desde seu primeiro sermão até o último, Paulo pregou Cristo, e nada além de Cristo. Siga o exemplo dele em todos os seus esforços para divulgar as boas novas da salvação, e será como as lindas flores da primavera. Falar somente de Cristo, esse é "semente para o semeador e pão para quem come".

8 DE MARÇO

"Ele viu o Espírito de Deus descendo como uma pomba." Mateus, 3:16

Assim como o Espírito de Deus desceu sobre Jesus, também desce, na medida certa, sobre os membros de Sua Igreja. Sua descida é essencial, pois o Senhor está na voz mansa e delicada e, como o orvalho, sua graça é ouvida no silêncio. A pomba sempre foi o tipo escolhido de pureza, e onde ela chega o pecado se afasta. Os corações tocados por sua influência benigna se tornam mansos e humildes. A alma visitada pelo Espírito abençoado abunda em amor aos irmãos e

09-11 MARÇO

a Jesus. A presença do Espírito em nosso coração promove nova vida. Bendito Espírito, assim como repousastes sobre nosso querido Redentor, repousai também sobre nós para sempre.

9 DE MARÇO

"A minha graça te basta." 2 Coríntios, 12:9

Se nenhum dos santos de Deus fosse provado, não conheceríamos tão bem as consolações da graça divina. Quando encontramos o andarilho que não tem onde reclinar a cabeça, o pobre faminto, ou a viúva enlutada, mas mesmo assim com fé em Cristo, a graça de Deus é magnificada. Os santos resistem a todo desânimo, acreditando que todas as coisas cooperam para o seu bem e que, dos males aparentes, seu Deus operará uma libertação. As obras-primas de Deus são as pessoas que em meio às dificuldades permanecem firmes e inabaláveis. Se o seu caminho for muito provado, regozije-se com isso, porque vai experimentar a graça de Deus, que é suficiente para tudo.

10 DE MARÇO

"Não durmamos, como os outros." 1 Tessalonicenses, 5:6

Há muitas maneiras de promover a vigília cristã. Os cristãos que se isolam estão sujeitos a ficarem sonolentos. Em companhia de cristãos você será mantido desperto, revigorado e encorajado a progredir mais rapidamente no caminho para o céu. Mas, ao tomar conselho com outras pessoas, tome cuidado para que o tema de sua conversa seja Jesus. Se você se lembrar de que está indo para o céu, não dormirá na estrada. Certamente, não dormirá enquanto os portões perolados estiverem abertos, os anjos, com suas canções, esperando que você se junte a eles, e uma coroa pronta para sua cabeça. Em santa comunhão, continue vigiando e orando para não cair em tentação.

11 DE MARÇO

"Diga à minha alma: Eu sou a tua salvação." Salmos, 35:3

O texto informa que Davi tinha suas dúvidas, por isso ele orou: "Dizei à minha alma: Eu sou a tua salvação". Então, tenha bom ânimo, pois não é o único santo que sente fraqueza da fé. Se Davi duvidou, não conclua que não deve ser cristão porque tem dúvidas. Você também deve se esforçar para ter alegria quando o amor de Jesus não for derramado em sua alma. Fique a sós com Deus se quiser ter uma noção clara do amor de Jesus, e diga: "Senhor, eu pequei, não mereço seu sorriso, mas diga à minha alma: "Eu sou sua salvação. Permita-me ter uma sensação pessoal, infalível e indiscutível de que sou Teu e que Tu és meu".

12 DE MARÇO

"Necessário vos é nascer de novo." João, 3:7

A regeneração é um assunto que está na base da salvação, e devemos nos certificar de que realmente "nascemos de novo", pois há muitos que imaginam que são, mas não são. Esteja certo de que ser reconhecido como alguém que professa a religião cristã não tem valor algum, a menos que haja algo mais a ser acrescentado, porque "assim é todo aquele que é nascido do Espírito". Trata-se de uma mudança conhecida por obras de santidade, e sentida por uma experiência graciosa. Essa grande obra é sobrenatural, um novo princípio que atua no coração e renova a alma. Se você "nascer de novo", já não será você quem vive, mas é Cristo quem vive em você.

13 DE MARÇO

"Tenha fé em Deus." Marcos, 11:22

A fé é o pé da alma, com o qual ela pode marchar ao longo da estrada, o óleo que permite que as rodas da santa devoção se movam bem. Com fé você pode fazer todas as coisas. A pequena fé diz: "É um caminho difícil, cercado de espinhos afiados e cheio de perigos", ao passo que a grande fé se lembra da promessa: "Como teus dias, assim será tua força", e se aventura corajosamente. A pequena fé fica desanimada, misturando suas lágrimas com a correnteza, mas a grande fé canta: "Quando passares pelas águas, eu estarei contigo; e pelos rios, eles não te submergirão", e assim atravessa a correnteza. Se você ama a luz, busque sinceramente este melhor dom: a grande fé.

14-16 MARÇO

14 DE MARÇO

"É melhor confiar no Senhor do que confiar no homem." Salmos, 118:8

Sem dúvida, você já procurou humanos para obter ajuda e conselho, e prejudicou a nobre simplicidade de sua confiança em seu Deus. Se você confiar em Jesus, lançará seu fardo sobre o Senhor. "Não andeis cuidadosos de coisa alguma, mas em tudo, pela oração e súplica, fazei conhecidas as vossas necessidades diante de Deus". Você pode contar com Ele. Busque o Deus onipotente, fiel, verdadeiro e onisciente. Espere somente em Deus. Que os alicerces arenosos da confiança terrestre sejam a escolha dos tolos, mas que você, como alguém que prevê a tempestade, construa para si mesmo um lugar permanente sobre a Rocha.

15 DE MARÇO

"É necessário que passemos por muitas tribulações para entrarmos no reino de Deus." Atos, 14:22

Deus nunca planejou que Seu povo não tivesse provações. Nunca foi prometida a liberdade da doença e das dores. As provações fazem parte de nosso destino. Observe a paciência de Jó, lembre-se de Abraão, pois passaram por suas provações e tornaram-se fiéis. Note as biografias de todos os patriarcas, profetas, apóstolos e mártires, e perceberá que Deus transformou em vasos de misericórdia todos os que passaram pelo fogo da aflição. Embora os filhos de Deus tenham tribulação, eles têm o conforto de saber que seu Mestre os animará, dará sua graça para apoiá-los a perseverar e a alcançar o reino.

16 DE MARÇO

"Permaneça em mim." João, 15:4

A comunhão com Cristo é uma cura certa para todo mal, desde o sofrimento até o excesso enjoativo do deleite terreno a comunhão íntima com Jesus tirará a amargura de um e a saciedade do outro. Viva perto do Senhor e será secundário o fato de você viver na montanha da honra ou no vale da humilhação. Não deixe que nada o impeça de manter esse relacionamento, com conforto ou segurança. Você tem uma estrada difícil na viagem para o céu, e não deve ir sem seu guia. Em todos

17-19
MARÇO

os casos, em todas as condições, você precisará de Jesus. Mantenha-se perto d'Ele, encoste a cabeça em Seu peito, e permanecerá com ele para sempre. E lembre-se de que a oração é o maior poder em todo o Universo.

17 DE MARÇO

"Na minha prosperidade, eu disse que jamais serei abalado." Salmos, 30:6

Que o clima seja propício para suas colheitas, e o sucesso ininterrupto o acompanhe. Que você se destaque como uma pessoa bem-sucedida, desfrutando de saúde contínua. Que tenha olhos brilhantes para marchar pelo mundo e viver feliz, com um espírito dinâmico. Que você tenha a canção perpetuamente em seus lábios, e que seja o melhor cristão que já existiu, como Davi, que disse: "Nunca serei abalado!". Tome cuidado com os lugares suaves do caminho, se você os estiver trilhando, ou se o caminho for difícil, agradeça a Deus por isso. Bendiga o Senhor por suas aflições, agradeça a Ele pelas mudanças, exalte Seu nome pela posteridade.

18 DE MARÇO

"Tu serás chamado, procurado." Isaías, 62:12

A graça extraordinária de Deus é vista claramente no fato de que não fomos apenas procurados, mas também buscados. As pessoas procuram por algo que está perdido, mas nesse caso há apenas busca, não procura. Quando Jesus veio, foi como uma preciosa peça de ouro que caiu no esgoto, mas ele procurou até que o tesouro fosse encontrado. Vagávamos para lá e para cá, e quando a misericórdia veio atrás de nós com o Evangelho, ela precisou procurar e nos buscar, pois nós, como ovelhas perdidas, tínhamos vagado em um local tão estranho que não parecia possível até para o Bom Pastor rastrear nossas andanças tortuosas. Mas fomos encontrados e levados para o amor infinito de Deus.

19 DE MARÇO

"Amarás o teu próximo." Mateus, 5:43

Talvez o teu próximo seja rico e você seja pobre, vivendo em seu pequeno berço ao lado de sua mansão. Você vê todos os dias suas propriedades, suas roupas finas

20-21 MARÇO

e seus suntuosos banquetes. Deus lhe deu essas dádivas, não cobice sua riqueza e contente-se com sua sorte. Se não puder melhorá-la, não olhe para o seu próximo e deseje que ele seja como você. Talvez, você seja rico, e perto de você vivam os pobres. Não despreze o fato de chamá-los de vizinhos. O mundo os chama de inferiores a você. Mas eles são muito mais iguais a você do que inferiores, pois "Deus fez de um só sangue todos os povos que habitam sobre a face da Terra". Ame a seu próximo, pois, ao fazê-lo, você estará seguindo os passos de Cristo.

20 DE MARÇO

"Então ele estendeu a mão, e tomou-a, e levou-a consigo
para a arca." Gênesis, 8:9

Cansada de suas andanças, a pomba finalmente retornou à arca como seu único lugar de descanso. Noé esteve atento à sua pomba durante todo o dia, pronto para recebê-la. Ela só tinha forças para alcançar a borda da arca, quando Noé estendeu a mão e a puxou para junto de si. Esse ato de misericórdia também será demonstrado a você. Apenas retorne – essas são as duas palavras graciosas de Deus, de volta ao Salvador. Cada momento que você espera só faz aumentar sua miséria. Venha a Ele exatamente como você é. Volte, volte, volte! Jesus está esperando por você! Ele estenderá a mão e o puxará para dentro, o verdadeiro lar de seu coração.

21 DE MARÇO

"Aquele que pensa estar em pé, cuide-se para que
não caia." 1 Coríntios, 10:12

É um fato curioso ter orgulho da graça. Quem diz: "Tenho muita fé, não cairei. Posso me manter firme, não há perigo de me desviar", que se vangloria da graça, certamente tem pouca graça. Deixe que toda a sua glória e confiança estejam em Cristo e em Sua força, pois somente assim poderá evitar a queda. Leia as Escrituras com mais seriedade e constância. Viva mais perto de Deus, e quando chegar o dia feliz, Aquele a quem você ama dirá: "Você combateu o bom combate, terminou sua carreira e agora lhe está reservada uma coroa de justiça. Jesus é capaz de "guardá-lo de cair e apresentá-lo irrepreensível diante da presença de sua glória".

22-24 MARÇO

22 DE MARÇO

"Cuidarei dos meus caminhos." Salmos,s 39:1

Não diga em seu coração: "Irei para lá e para cá e não pecarei", pois você nunca estará tão livre do perigo de pecar. A estrada é muito lamacenta, será difícil escolher o caminho para não sujar suas roupas. Há uma tentação em cada esquina. Se você chegar ao céu, será um milagre da graça divina que deve ser atribuído inteiramente ao poder de seu Pai. Sua oração deve ser: "Segura-me, Senhor, e eu estarei protegido". Depois de orar, você também deve vigiar, guardando cada pensamento, palavra e ação com santo zelo. "Seja sóbrio e vigilante, o perigo pode estar em uma hora em que tudo parece mais seguro". Que o Espírito Santo o guie em todos os caminhos. Sempre aguarde no Senhor.

23 DE MARÇO

"Fortaleça-se na graça que há em Cristo Jesus." 2 Timóteo, 2:1

Da plenitude de Cristo recebemos tudo. Ele é como a fonte, sempre fluindo, mas apenas para suprir os jarros vazios e os lábios sedentos que se aproximam dela. Como uma árvore, ele produz frutos doces para serem colhidos por aqueles que precisam. A graça, seja ela para perdoar, purificar, preservar, fortalecer, iluminar, vivificar ou restaurar, sempre pode ser obtida do Cordeiro gratuitamente. Há uma doce comunhão entre Cristo e sua Igreja. Ao recebermos diariamente a graça de Jesus e reconhecermos mais constantemente que ela vem d'Ele, nós O veremos em comunhão conosco e desfrutaremos da felicidade. Faça uso diário dessa comunhão, recebendo d'Ele toda a graça de que precisa.

24 DE MARÇO

"Ele o fez de todo o seu coração e prosperou." 2 Crônicas, 31:21

A regra universal é que as pessoas prosperem se fizerem seu trabalho de todo o coração, ao passo que é quase certo que fracassarão se deixarem metade do coração para trás. Deus não dá colheitas àqueles que não cavam o campo para encontrar seu tesouro escondido. Se uma pessoa deseja prosperar, ela deve ser diligente nos negócios. Coloque força, energia, sinceridade e seriedade nas tarefas, pois o Espírito Santo nos ajuda em nossas dificuldades, mas não incentiva nossa ociosidade. A sinceridade de coração se manifesta na perseverança.

25-27 MARÇO

Pode haver fracasso no início, mas o obreiro sincero dirá: "É a obra do Senhor e precisa ser feita e, com Sua força, eu a realizarei".

25 DE MARÇO
"Sou um estrangeiro contigo." Salmos, 39:12

Sim, Senhor, contigo, mas não sem ti. Toda a minha alienação natural em relação a ti foi efetivamente removida pela tua graça. Agora, em comunhão contigo, ando por este mundo pecaminoso como um peregrino em um país estrangeiro. Quando teu querido Filho veio para os seus, os seus não O receberam. Ele estava no mundo, mas o mundo não O conheceu. Senhor, aqui está a doçura de meu destino: sou um estranho. Você é meu companheiro de peregrinação. Meu coração arde dentro de mim quando você fala comigo e, embora eu seja um peregrino, sou muito mais abençoado do que aqueles que se sentam em tronos e muito mais à vontade do que aqueles que moram em mansões terrenas.

26 DE MARÇO
"Lembrem-se dos pobres." Gálatas, 2:10

Por que Deus permite que tantos de Seus filhos sejam pobres? Ele poderia enriquecer todos eles, se quisesse, com abundância de provisões, como uma vez Ele fez, colocando codornas ao redor do acampamento de Israel. Fez até chover pão do céu para alimentar seus filhos. Há muitas razões para haver pessoas pobres: uma delas é para dar a nós, que temos o suficiente, uma oportunidade de demonstrar nosso amor a Jesus, ao doarmos a nossos irmãos menos favorecidos. Lembre-se de que Ele ordenou que provássemos nosso amor não apenas em palavras, mas em atos e em verdade. Se realmente amarmos a Cristo, cuidaremos daqueles que são amados por Ele. "Quando o fizestes a um destes meus pequeninos irmãos, a mim o fizestes".

27 DE MARÇO
"Bem-aventurados os pacificadores, porque eles serão chamados filhos de Deus." Mateus, 5:9

Quem desejar ter a bênção perfeita, deve se tornar um pacificador. O versículo anterior fala da bem-aventurança dos "puros de coração". Assim, devemos

28-29 MARÇO

ser primeiro puros, depois, pacíficos. Contudo, por mais pacíficos que sejamos, ainda assim seremos incompreendidos, pois mesmo o Príncipe da Paz foi desprezado. Para que os pacíficos não se surpreendam ao serem rejeitados, é acrescentado: "Bem-aventurados os que são perseguidos por causa da justiça, porque deles é o reino dos céus". Senhor, purifique nossas mentes para que possamos ser puros, depois pacíficos, e fortaleça nossas almas, quando formos perseguidos por Tua causa.

28 DE MARÇO

"Assim como o Pai me amou, também eu vos amei." João, 15:9

Assim como o Pai ama o Filho, Jesus ama seu povo. O amor d'Ele por nós é uma corrente cuja fonte está na eternidade. Não há mudança no amor de Jesus Cristo por aqueles que descansam n'Ele. O amor d'Ele por você nunca cessará. Fique confiante de que, mesmo até a sepultura, Cristo irá com você e que, ao sair dela, será seu guia até as colinas celestiais. Todo o coração de Cristo é dedicado ao seu povo. Ele "nos amou e se entregou por nós". Seu amor ultrapassa o conhecimento. Temos um Salvador imutável, precioso, alguém que ama sem medida, sem mudança, sem começo e sem fim, assim como o Pai o ama! Há muito alimento aqui para aqueles que sabem como digeri-lo. Que o Espírito Santo nos conduza!

29 DE MARÇO

"Todos vós sois filhos de Deus pela fé em Cristo Jesus." Gálatas, 3:26

A paternidade de Deus é comum a todos os seus filhos. Pedro e Paulo, os apóstolos, eram da família do Altíssimo. e você também é. Todos os nomes estão no mesmo registro familiar. Um pode ter mais graça do que outro, mas Deus, nosso Pai celestial, tem o mesmo coração terno para com todos. Um pode fazer mais obras poderosas e trazer mais glória a seu Pai, mas aquele cujo nome é o menor no reino dos céus é tão filho de Deus quanto aquele que está entre os poderosos do Rei. Que isso nos anime e console quando nos aproximarmos de Deus e dissermos: "Pai nosso" em nossas orações. Por mais fraca que seja sua fé, se for uma fé real em Cristo, será abundante sua alegria e sua paz.

30-31 MARÇO

30 DE MARÇO

"Fortes na fé." Romanos, 4:20

Cuide bem de sua fé, lembrando-se de que a fé é o único meio pelo qual você pode obter bênçãos. A oração não pode obter respostas do trono de Deus, a menos que seja uma oração sincera. A fé é o anjo mensageiro entre a alma e Jesus. Se esse anjo for retirado, não poderemos enviar a oração nem receber as respostas. A fé liga você à divindade, reveste com o poder de Deus, garante todos os atributos de Deus em sua defesa. Mas, sem fé, como poderá receber algo do Senhor? Observe bem sua fé, pois com ela você pode conquistar todas as coisas, por mais pobre que seja, mas sem ela não pode obter nada. "Se você pode crer, todas as coisas são possíveis para aquele que crê".

31 DE MARÇO

"O amor de Cristo, que excede todo o entendimento." Efésios, 3:19

O amor de Cristo em sua doçura, sua plenitude, sua grandeza, sua fidelidade, ultrapassa toda a compreensão humana. Esse amor de Cristo é, de fato, sem medida. Antes de podermos ter uma ideia correta do amor de Jesus, precisamos entender sua glória anterior em seu auge de majestade e sua encarnação na Terra. Quando estava entronizado no mais alto dos céus, ele era Deus, e Seu braço todo-poderoso sustentava as esferas. Ele reinava supremo sobre todas as criaturas, Deus sobre todos, bendito para sempre. O Filho de Deus veio aqui na Terra sofrer uma agonia sem precedentes. Nisso está o amor que "excede todo o conhecimento". Que esse amor encha nosso coração de gratidão.

01-03 ABRIL

1º DE ABRIL

"É hora de buscar o Senhor." Oséias, 10:12

Diz-se que o mês de abril tem seu nome derivado do verbo latino "aperio", que significa abrir, porque todos os botões e flores estão se abrindo agora. Se você ainda não é salvo, que seu coração, de acordo com o despertar universal da natureza, se abra para receber Jesus. Cada flor que desabrocha o avisa que é hora de buscar o Senhor. Não fique fora de sintonia com a natureza, mas deixe seu coração brotar e florescer com desejos santos. A salvação não tem preço, que venha quando vier, mas os anos estão passando rapidamente, então não demore mais. Há um dia de graça para você agora, seja grato por isso, mas é uma estação limitada e fica mais curta a cada vez que o relógio bate. É hora de buscar o Senhor.

2 DE ABRIL

"Eu o chamei, mas ele não me respondeu." Cantares de Salomão, 5:6

A oração às vezes demora, como uma peticionária no portão, até que o Rei saia para encher seu peito com as bênçãos que ela busca. Quando concedeu grande fé, o Senhor provou-a com longas demoras, e os verdadeiros santos permaneceram em paciente espera, sem resposta, mas o Soberano dá segundo a própria vontade. Tenha cuidado para não interpretar atrasos na oração como negações, porque as contas de Deus com datas longas serão honradas. As petições não respondidas não deixam de ser ouvidas. Logo seu pleito prevalecerá. Deus aparecerá para a alegria de sua alma, e fará que você largue o pano de saco e as cinzas da longa espera e se vista com o linho fino da plena fruição.

3 DE ABRIL

"Eu o aceitarei com o seu doce sabor." Ezequiel, 20:41

Os méritos de nosso Redentor são como um doce aroma para o Altíssimo. Havia um doce aroma em sua vida ativa, pela qual ele honrou a lei de Deus. Tal também foi sua obediência passiva, quando suportou o Getsêmani, onde foi preso ao madeiro cruel, para que pudesse sofrer a ira de Deus em nosso lugar.

04-05
ABRIL

Que doce aroma purificador em seu sangue para tirar pecados como os nossos! E que glória em sua justiça! Tome cuidado para nunca duvidar de sua aceitação em Jesus. Apesar de todas as suas dúvidas, medos e pecados, o olhar gracioso de Deus nunca o vê com raiva, embora Ele veja pecado em você. Você é sempre aceito em Cristo, é sempre abençoado e querido no coração do Pai.

4 DE ABRIL

"Ele lhe respondeu que não dissesse uma só palavra." Mateus, 27:14

Jesus nunca era lento na fala quando podia abençoar, mas não dizia uma única palavra para si mesmo. Esse silêncio singular era seu perfeito sacrifício. A calma resistência responde a algumas perguntas de forma infinitamente mais conclusiva do que a mais elevada eloquência. O silencioso Senhor nos forneceu um grande exemplo de sabedoria. Jesus proporcionou um notável cumprimento da profecia, conforme a predição de Isaías: "Ele é levado como um cordeiro ao matadouro, e como a ovelha muda perante os seus tosquiadores". Com seu silêncio, ele provou de forma conclusiva ser o verdadeiro Cordeiro de Deus. Esteja conosco, Jesus, deixe-nos ouvir a voz de seu amor.

5 DE ABRIL

"Ele verá a sua descendência, prolongará os seus dias, e o prazer do Senhor prosperará na sua mão," Isaías, 53:10

Rogue pelo rápido cumprimento dessa promessa. É uma tarefa fácil orar quando estamos alicerçados na promessa de Deus, pois aquele que deu a palavra não pode se recusar a cumpri-la. A fidelidade eterna não pode se degradar por negligência. Sempre que estiver orando pelo reino de Cristo, contemple o amanhecer do dia abençoado que se aproxima, pois tempos melhores estão diante de você. Mas lembre-se de que o mesmo Cristo que nos pediu para dizer: "O pão nosso de cada dia nos dai hoje", primeiro nos pediu para fazer esta oração: "Santificado seja o Teu nome; venha o Teu reino; seja feita a Tua vontade, assim na terra como no céu".

06-08 ABRIL

6 DE ABRIL

"Porque ele o fez pecado por nós, não conhecendo pecado algum, para que nele fôssemos feitos justiça de Deus." 2 Coríntios, 5:21

Você é tão perfeito aos olhos de Deus como se nunca tivesse pecado. O Senhor colocou uma vestimenta divina sobre você, de modo que agora tem a justiça de Deus. Nenhum de seus pecados pode condená-lo. Você é tão aceito por Deus hoje, com toda a sua pecaminosidade, quanto será quando estiver diante de Seu trono, livre de toda corrupção. Deixe seu rosto sempre exibir um sorriso. Viva perto de seu Mestre, pois em breve se levantará onde seu Jesus está sentado e reinará à Sua direita, porque o Senhor divino "foi feito pecado por nós, não conhecendo pecado algum; para que nele fôssemos feitos justiça de Deus".

7 DE ABRIL

"Antes da honra está a humildade." Provérbios, 15:33

A humilhação da alma sempre traz consigo uma bênção. Se esvaziarmos o coração de nós mesmos, Deus o encherá com Seu amor. Aquele que deseja ter uma comunhão íntima com Cristo deve se lembrar da palavra do Senhor: "Bem-aventurados os pobres de espírito, porque deles é o reino dos céus", com todas as suas riquezas e tesouros. Todo o tesouro de Deus será entregue à alma que for humilde o suficiente para recebê-las sem se tornar orgulhosa por causa disso. Não há limite para o que Deus fará por uma pessoa sinceramente humilde. A humildade nos torna prontos para sermos abençoados pelo Deus de toda a graça, bem como nos capacita a lidar eficientemente com nossos semelhantes.

8 DE ABRIL

"Saiamos, pois, a ele fora do arraial." Hebreus, 13:13

Jesus, carregando sua cruz, saiu para sofrer fora da porta. A razão para o cristão deixar o campo do pecado e do mundo não é porque Jesus fez isso, e o discípulo deve seguir seu Mestre. A vida de Jesus e Seu testemunho foram um protesto constante contra a conformidade com o mundo. O povo de Cristo

09-10 ABRIL

deve assumir sua posição como testemunhas da verdade, preparados para trilhar o caminho estreito e apertado. Não é possível crescer na graça conformado com o mundo. A estrada da santidade é a estrada da comunhão. Vamos ganhar a coroa se formos capacitados pela graça divina a seguir a Cristo fielmente. Um pequeno período de testemunho não parecerá nada quando estivermos para sempre com o Senhor.

9 DE ABRIL

"Livra-me da culpa do sangue, ó Deus da minha salvação, e a minha língua cantará em alta voz a tua justiça." Salmos, 51:14

Nessa confissão, observe que Davi nomeia claramente seu pecado. Ele não o chama de homicídio culposo nem fala dele como um acidente que ocorreu ao marido de Bate-Seba, mas o chama pelo verdadeiro nome, culpa de sangue. Ele não matou, mas Davi havia planejado que Urias fosse morto, e estava diante do Senhor como assassino. Na confissão, aprenda a ser honesto com Deus. Não dê nomes bonitos a pecados imundos. Com toda a franqueza de coração reconheça seu caráter real. Busque o mesmo quebrantamento de coração, pois se o seu coração não estiver consciente do merecimento infernal do pecado, não pode esperar o perdão.

10 DE ABRIL

"Se eles fazem essas coisas em uma árvore verde, o que será feito na seca?" Lucas, 23:31

Entre outras interpretações dessa pergunta sugestiva, a seguinte é cheia de ensinamentos: "Se o substituto inocente dos pecadores sofre assim, o que será feito quando o próprio pecador – a árvore seca – cair nas mãos de um Deus irado?". Jesus foi levado por seus inimigos, abandonado por Deus. Se Ele foi abandonado, quanto mais você será. Qual será a resposta quando disser: "Ó Deus, por que me desamparaste?". Deus dirá: "Porque desprezastes todos os meus conselhos e não quisestes a minha repreensão". É impossível dizer quais oceanos de tristeza devem rolar sobre seu espírito se você morrer como está agora. Confie no Filho de Deus, e você nunca morrerá.

11-13
ABRIL

11 DE ABRIL

"Não temerei mal algum, porque tu estás comigo." Salmos, 23:4

Veja como uma luz brilhante pode brilhar dentro de nós quando tudo está escuro lá fora! Quão firmes, felizes, calmos e pacíficos podemos ser, quando o mundo se abala! Mesmo a morte não tem o poder de suspender a música do coração de um cristão, mas, ao contrário, faz que essa música se torne mais celestial! Tenha confiança no poder de Deus para o confortar. Não tema, pois o Espírito divino pode lhe dar uma abundância maior do que a dos ricos. Não fique triste! Você verá como um raio de glória ilumina sua alma. Jesus será sua luz, será a melhor música de sua alma. Em Ti, meu Deus, meu coração triunfará. Pelo Teu poder, ó Espírito abençoado, meu coração se alegrará muito.

12 DE ABRIL

"E seguia-o uma grande multidão de povo e de mulheres, que também o pranteavam e lamentavam." Lucas, 23:27

Em meio à multidão que perseguiu o Redentor até sua condenação, havia algumas almas agradáveis cuja amarga angústia buscava vazão em lamentos e lamentações para acompanhar aquela marcha de sofrimento. Você foi ressuscitado para uma nova vida. A mãe da esposa de Pedro foi curada da febre, e você curado da praga maior que é o pecado. Maria e Marta foram agraciadas com visitas, mas Ele mora com você. A mãe de Jesus deu à luz Seu corpo, mas Ele foi formado em você, a esperança da glória. Se não ficar atrás das santas mulheres em dívidas, que você não fique atrás delas em gratidão ou tristeza.

13 DE ABRIL

"A tua mansidão me engrandeceu." Salmos, 18:35

Davi atribuiu com gratidão toda a sua grandeza não à própria bondade, mas à bondade de Deus. Alguns traduzem como "teu auxílio", que é apenas outra palavra para providência, que é o firme aliado dos santos, ajudando-os no serviço de seu Senhor. Deus volta seus olhos para baixo, olha para os humildes e contritos e os engrandece. Davi atribui toda a sua grandeza à bondade condescendente de seu Pai no céu. Que esse sentimento ecoe em nosso coração, enquanto lançamos nossas orações aos pés de Jesus e clamamos: "Tua bondade me engrandeceu". Medite sobre esse tema. Que a gratidão seja despertada, a humildade aprofundada, o amor acelerado, antes que você adormeça esta noite.

14 DE ABRIL

"Porque esta noite esteve comigo o anjo de Deus." Atos, 27:23

A tempestade e a longa escuridão, com risco de naufrágio, levaram a tripulação do navio a sentir medo. Apenas um homem dentre eles permaneceu perfeitamente calmo e, por sua palavra, os demais foram tranquilizados. Paulo foi o único que teve coragem para dizer: "Senhores, tenham bom ânimo". O Senhor Jesus enviou um mensageiro celestial para sussurrar palavras de consolo ao ouvido de seu servo fiel, e por isso ele tinha um semblante brilhante e falava com tranquilidade. Se você crê no Senhor, pode esperar interposições quando estiver em seu pior momento. Se as visitas dos anjos são poucas nos momentos normais, elas serão frequentes em suas noites de tempestade e agitação.

15 DE ABRIL

"O meu coração é como cera; derreteu-se no meio das minhas entranhas." Salmos, 22:14

Jesus experimentou um terrível derretimento da alma. "O espírito do homem sustentará a sua enfermidade, mas um espírito ferido, quem o suportará?". A depressão do espírito é a mais dolorosa de todas as provações. O Salvador poderia clamar a seu Deus: "Não te afastes de mim", pois precisava d'Ele quando seu coração estava derretido por causa da tristeza. Aproxime-se da cruz e humildemente adore o Rei da glória, e seja tocado pelo amor do Pai. Entre em comunhão íntima com Jesus. Não se deixe levar pelo desespero. Sua alma pode ansiar e desmaiar, e ter sede de contemplar a luz do semblante do Senhor. Nessas ocasiões, acalme-se com a simpatia de nosso Sumo Sacerdote.

16 DE ABRIL

"Dizei ao justo que bem lhe irá." Isaías, 3:10

O justo está sempre bem. Se tivesse sido dito: "Dizei ao justo que bem lhe irá na sua prosperidade", deveríamos ter sido gratos por tão grande bênção, pois

17-18 ABRIL

a prosperidade é uma dádiva do céu. Desde o início até o fim do ano, desde o primeiro encontro das sombras da noite até a estrela do dia brilhar, em todas as condições e sob todas as circunstâncias, tudo estará bem com os justos. Está tudo tão bem, pois ele está bem alimentado, bem vestido, bem alojado, bem provido, pois o Senhor é seu Pastor. Bendito seja Deus! Acredite em Deus com mais confiança do que se seus olhos e seus sentimentos lhe dissessem. Quem Deus abençoa é abençoado de fato, e o que Sua boca declara é a verdade mais segura.

17 DE ABRIL

"Levantem-nos para sempre." Salmos, 28:9

O povo de Deus precisa da graça divina. Davi disse: "A ti, ó Deus, elevo a minha alma", quando sentiu necessidade de que as almas de outras pessoas fossem elevadas, assim como a dele. Quando você pedir essa bênção para si mesmo, não se esqueça de buscá-la também para os outros. Levanta-os, Senhor! Não permitas que Teu povo seja como o povo do mundo! Tire-os de lá! Coloca o coração deles na herança celestial! Na batalha, se eles parecem cair, Ó Senhor, tenha o prazer de lhes dar a vitória. Levante o espírito de seus filhos no dia do conflito, não permita que eles se assentem no pó. Não permitas que o adversário os aflija e os faça se angustiar. Quando eles forem perseguidos, que tenham um Deus libertador.

18 DE ABRIL

"O precioso sangue de Cristo." 1 Pedro, 1:19

Ele é "precioso" por causa de sua eficácia redentora e expiatória. Por meio dele, os pecados do povo de Cristo são redimidos. O sangue de Cristo também é "precioso" em seu poder de purificar todo pecado, e permite que sejamos aceitos, apesar das muitas maneiras pelas quais nos rebelamos contra nosso Deus. O sangue de Cristo é "precioso" em seu poder de preservação, colocando-nos a salvo do anjo destruidor. O sangue de Cristo é "precioso" ainda em sua influência santificadora, uma santidade tão grande quanto a que flui das veias de Jesus. Aquele que luta com o precioso sangue de Jesus, luta com uma arma que não pode conhecer a derrota. Marcharemos, conquistando pela confiança em Seu poder!

19-21 ABRIL

19 DE ABRIL

"O Mestre diz: Onde fica o quarto de hóspedes, onde comerei a páscoa com meus discípulos?" Marcos, 14:14

Jerusalém na época da Páscoa era uma grande pousada, cada chefe de família convidava seus amigos, mas ninguém convidou o Salvador. É assim até hoje, Jesus não é recebido entre as pessoas, exceto onde, por Seu poder e graça sobrenaturais, Ele renova o coração. Foi pelo poder de nosso Senhor que o chefe de família alegremente abriu seu quarto de hóspedes. Da mesma forma, descobre-se quem é escolhido do Senhor, pois quando o Evangelho chega, alguns o recebem, uma indicação de que Deus os escolheu para a vida eterna. Que honra receber o Filho de Deus! Não somos dignos de que Ele fique sob nosso teto, mas é um privilégio indescritível quando Ele entra!

20 DE ABRIL

"Chegastes ao sangue da aspersão, que fala melhor do que o de Abel." Hebreus, 12:24

Não é sobre se você chegou a um conhecimento de doutrina, ou à observância de cerimônias, ou a uma certa forma de experiência, mas se você chegou ao sangue de Jesus – a vida de toda piedade. Se você realmente chegou a Jesus, o Espírito Santo docemente o levou até lá. Você chegou ao sangue da aspersão sem nenhum mérito próprio. Culpado, perdido e desamparado, você veio para tomar sua esperança eterna. Estamos cheios de pecado, mas o Salvador nos convida a erguer os olhos para Ele. As experiências passadas são um alimento duvidoso para os cristãos. Somente o fato de virmos a Cristo no presente pode nos dar alegria e conforto.

21 DE ABRIL

"Nós veríamos Jesus." João, 12:21

É uma coisa abençoada quando alguém coloca seus desejos em um único objeto, e seu coração se torna como um rio de água pura. Se Jesus for o desejo de uma alma, esse é um sinal abençoado da obra divina em seu interior. Você nunca se contentará com meras ordenanças, e dirá: "Eu quero Cristo, preciso tê-lo, não me ofereça o jarro vazio, enquanto estou morrendo de sede. Jesus é o desejo de minha alma. Eu gostaria de ver Jesus!". Se você tem o desejo de seguir a Cristo, então você não está longe do reino dos céus. Se você pode dizer: "Eu daria tudo o que tenho para ser um cristão", tenha bom ânimo, o Senhor o ama, e logo você sairá à luz do dia e se regozijará na liberdade com a qual Cristo o torna livre.

22 DE ABRIL

"E disseste: Certamente te farei bem." Gênesis, 32:12

Quando Jacó estava do outro lado do ribeiro Jaboque, e Esaú estava vindo com homens armados, ele buscou sinceramente a proteção de Deus, afirmando: "E tu disseste: Certamente te farei bem", exigindo que Deus cumprisse Sua palavra. O Altíssimo é pontual, nunca está antes de seu tempo, mas também nunca está atrasado. Muitos patriarcas disseram com Josué: "De todas as boas coisas que o Senhor teu Deus falou a teu respeito, nenhuma falhou; todas se cumpriram". Se você tem uma promessa divina, precisa alegá-la com certeza. Deus não dá suas palavras meramente para nos acalmar e nos manter esperançosos por algum tempo. Quando Ele fala, é porque pretende fazer o que disse.

23 DE ABRIL

"Eis que o véu do templo se rasgou em dois, de alto a baixo." Mateus, 27:51

Um milagre foi realizado ao se rasgar um véu tão forte e espesso. A antiga lei de ordenanças foi abandonada. Quando Jesus morreu, todos os sacrifícios foram concluídos, porque todos se cumpriram n'Ele. Por meio da morte de Jesus temos uma clara revelação de Deus, pois a vida e a imortalidade foram trazidas à luz. A cerimônia anual de expiação foi abolida. Agora não é necessário sangue de novilhos ou cordeiros, pois Jesus entrou no véu com seu sangue. O acesso a Deus agora é o privilégio de todo crente em Jesus. Aproxime-se com ousadia do trono da graça celestial. O Senhor tem a chave do céu, ele abre e ninguém fecha. Entre com Ele nos lugares celestiais.

24-26 ABRIL

24 DE ABRIL

"O Amém." Apocalipse, 3:14

A palavra "amém" confirma solenemente o que foi dito, e Jesus é o grande confirmador. Cristo disse: "Vinde a mim, todos os que estais cansados e oprimidos, e eu vos aliviarei". Se você se achegar a Ele, Ele dirá: "Amém" em sua alma. Sua promessa será verdadeira para você. As palavras de Jesus permanecerão de pé quando o céu e a Terra passarem. Se você se apegar a Sua promessa, verá que ela é verdadeira. Jesus é Sacerdote para perdoar e purificar, é um Rei para reinar por seu povo e defendê-lo com seu braço poderoso, é um Profeta para predizer as coisas boas que estão por vir. Ele é seu Amigo, mais chegado do que um irmão, seu Pastor, que está com você no vale escuro da morte, seu Socorro e seu Libertador.

25 DE ABRIL

"Lutem as batalhas do Senhor." 1 Samuel, 18:17

Os eleitos de Deus estão guerreando ainda na Terra, sendo Jesus Cristo o Capitão de sua salvação. Ele disse: "Eis que estou convosco todos os dias, até a consumação dos séculos". Que o povo de Deus permaneça firme em suas fileiras e que o coração de ninguém desfaleça. Precisamos muito de uma voz ousada e de uma mão forte para pregar e publicar o evangelho pelo qual os mártires sangraram e os confessores morreram. O Salvador está sempre no meio da luta, e enquanto o conflito se desenrola é uma satisfação saber que Jesus, em Seu ofício de nosso grande Intercessor, está predominantemente pleiteando por Seu povo! Lutemos como se tudo dependesse de nós, mas olhemos para cima e saibamos que tudo depende d'Ele.

26 DE ABRIL

"Eu sei que o meu Redentor vive." Jó, 19:25

A essência do conforto de Jó está nas palavras "meu Redentor". Não fique satisfeito até que, pela fé, você possa dizer: "Sim, meu Senhor vivo é meu". Pode parecer presunção dizer: "Ele vive como meu Redentor", mas lembre-se de que se você tiver apenas fé como um grão de mostarda, essa pequena fé lhe dá o direito de dizer isso. Há outra palavra que expressa a forte confiança de Jó: "Eu sei". Dizer: "Espero que sim" é cômodo, e milhares de pessoas no rebanho de Jesus dificilmente vão muito além disso. Para alcançar a essência do consolo, você deve dizer: "Eu sei", crer que Jesus vive por você, então a escuridão não será escura. Um Redentor vivo, verdadeiramente seu, é uma alegria indescritível.

27 DE ABRIL

"Que está à direita de Deus." Romanos, 8:34

Aquele que antes era desprezado e rejeitado agora ocupa a posição honrosa de Filho amado. A mão direita de Deus é o lugar de majestade e favor. Nosso Senhor Jesus é o representante de Seu povo. Quando Ele morreu por nós, depois ressuscitou, tivemos liberdade. Quando Ele se sentou à direita de Seu Pai, deu-nos favor, honra e dignidade. A ascensão de Cristo significa a aceitação, a consagração e a glorificação de todo o Seu povo, pois Ele é o cabeça e seu representante. Cristo, à direita de Deus, tem todo o poder no céu e na Terra. Descanse em segurança. Se Jesus é seu Rei, se o pecado, a morte e o inferno foram todos vencidos por Ele, e você está representado n'Ele, de modo algum poderá ser destruído.

28 DE ABRIL

"Ele foi exaltado por Deus." Atos, 5:31

Jesus está sentado no trono da glória. O lugar mais elevado que o céu oferece é d'Ele por direito indiscutível. Ele é o Mediador, as honras que Jesus usa no céu são a herança de todos os santos. Lembre-se de que um dia você será como Ele. Não vai ser tão divino, mas ainda assim você vai compartilhar as mesmas honras, e desfrutar da mesma felicidade e da mesma dignidade. Contente-se em viver desconhecido por um pouco de tempo, e caminhar o seu caminho cansado pelos campos da pobreza, ou até as montanhas da tribulação, porque você reinará com Cristo, seu representante glorioso nos átrios do céu agora, o qual em breve virá e o receberá para estar com Ele lá, para ver Sua glória e partilhar Sua alegria.

29 DE ABRIL

"Não terás medo do terror da noite." Salmos, 91:5

O terror pode ser o ruído de ladrões, ou aparências imaginadas, ou os gritos de doença súbita ou morte. Seja o que for o terror, a promessa é que o crente não terá medo. Deus é um vigia todo-poderoso, um guardião sem sono, um amigo fiel. Os que descansam em Jesus estão salvos por meio da abundante misericórdia. Se cedermos ao medo, desonraremos nossa profissão de fé e levaremos outros a duvidar. Devemos ter medo de ter medo, para que não ofendamos o Espírito Santo com insensata desconfiança. Deus não se esqueceu de ser misericordioso nem fechou suas ternas compaixões. Pode ser noite na alma, mas não há necessidade de ter terror, porque os filhos da luz podem andar nas trevas confiando em seu Pai celestial.

30 DE ABRIL

"Em todas estas coisas somos mais do que vencedores, por intermédio daquele que nos amou." Romanos, 8:37

Paulo assim nos repreende: "Ó insensatos gálatas, quem vos fascinou para não obedecerdes à verdade? Recebestes o Espírito pelas obras da lei ou pela pregação da fé? Sois vós tão insensatos que, tendo começado pelo Espírito, acabeis agora pela carne?". Você quer superar um temperamento zangado? Você deve ir a Jesus e dizer: "Senhor, eu confio em ti para me livrar". É a única maneira. Diga: "Senhor, eu confio em ti, tu salvas dos pecados". Suas orações, seus arrependimentos e suas lágrimas não valem nada, pois ninguém, a não ser Jesus, pode fazer bem a pecadores ou a santos indefensos. Você será vencedor por meio daquele que o amou.

01-03 MAIO

1º DE MAIO

"E por causa de tudo isto fazemos um pacto seguro." Neemias, 9:38

Existem muitas ocasiões em que podemos renovar nossa aliança com Deus. Depois de qualquer libertação da angústia, quando suas alegrias brotarem de novo, visite o pé da cruz e renove sua consagração, especialmente após qualquer pecado que tenha cometido. O Espírito Santo pode tornar você mais branco do que a neve, e novamente o oferecer ao Senhor. Não apenas nos problemas confirme sua dedicação a Deus, mas também na prosperidade. Você pode contar com misericórdias multiplicadas, então, poderá dizer: "Liga-me aqui, meu Deus, para sempre". Quando precisar do cumprimento das novas promessas de Deus, ofereça orações renovadas e, depois, honre seus votos. Faça com o Senhor um pacto seguro.

2 DE MAIO

"Se alguém ouvir a minha voz, e abrir a porta, entrarei em sua casa." Apocalipse, 3:20

Você anseia por desfrutar do amor eterno? Deseja ter liberdade em uma comunhão muito próxima com Deus? Então, você deve se aproximar de Jesus. Se você está dizendo: "Quem dera que Ele fizesse do meu coração a sua morada para sempre", abra a porta, e Ele entrará em sua alma. Ele tem batido à porta há muito tempo, com o objetivo de cear com você. Abra, então, os portais de sua alma. Ele virá com o amor que você anseia por sentir, com a alegria que você não consegue despertar em seu pobre espírito deprimido, Ele trará a paz que agora você não tem, e você terá o amor divino. Apenas abra a porta, dê a Ele as chaves de seu coração, e Ele habitará ali para sempre.

3 DE MAIO

"Fazei isto em memória de mim." 1 Coríntios, 11:24

Não haveria necessidade dessa exortação amorosa, se não houvesse a temível suposição de que nossa memória pode ser traiçoeira, infelizmente, um fato lamentável. Parece quase impossível que aqueles que foram redimidos pelo

04-05 MAIO

sangue do Cordeiro que morreu, e foram amados com um amor eterno pelo Filho de Deus, possam se esquecer de seu gracioso Salvador. Algum assunto terreno absorve sua atenção quando você deveria fixar os olhos firmemente na cruz, a agitação incessante do mundo, a atração constante das coisas terrenas, tudo isso afasta a alma de Cristo. Encarregue-se de manter a memória celestial de Jesus em seu coração e, independentemente de tudo o mais, apegue-se a Ele.

4 DE MAIO

"Bem-aventurado aquele que vigia." Apocalipse, 16:15

Nas vidas dos primeiros cristãos havia terríveis perseguições. No momento atual, embora não seja tão terrível, ainda assim temos de suportar seduções, discursos odiosos, hipocrisia. Nosso perigo é nos tornarmos orgulhosos, perdermos nossa fé. A igreja cristã está muito mais propensa a perder sua integridade atualmente do que naqueles tempos mais difíceis. Esteja desperto, mantenha a fé em Jesus, e o amor a Ele como chama viva. Muitos provarão ser joio, e não trigo, e não os verdadeiros filhos de Deus. Não dispense a vigilância. Que o Espírito eterno mostre sua onipotência em você, para que possa dizer, nos momentos suaves, bem como nos mais difíceis: "Somos mais do que vencedores por meio daquele que nos amou".

5 DE MAIO

"Deus, o nosso próprio Deus." Salmos, 67:6

É estranho o pouco uso que fazemos das bênçãos espirituais que Deus nos dá. Embora ele seja "nosso Deus", pedimos pouco a Ele, raramente pedimos conselhos do Senhor. Em nossos problemas, constantemente nos esforçamos para carregar nossos fardos, em vez de lançá-los sobre o Senhor. Nunca passe necessidade enquanto tiver um Deus a quem recorrer, tampouco tema ou desmaie. Vá até Ele, conte-lhe todas as suas necessidades. Se alguma coisa sombria o obscureceu, use seu Deus como um sol, e se algum inimigo forte o cercou, encontre um escudo. Se você se perdeu nos labirintos da vida, como um guia, Ele o orientará. Deus é exatamente o que você quer. Ele pode fazer tudo o que você quiser.

06-08 MAIO

6 DE MAIO

"Lembra-te da palavra dada ao teu servo, na qual me fizeste esperar." Salmos, 119:49

Seja qual for a sua necessidade, você pode encontrar na Bíblia alguma promessa adequada. Você está fraco porque seu caminho é difícil? "Ele dá força aos fracos". Está angustiado por causa do pecado? "Eu sou aquele que apaga as tuas transgressões e não me lembrarei mais dos teus pecados". Você tem medo de não ser capaz de perseverar até o fim? "A aliança do meu amor não se afastará de você". Se você perdeu a doce sensação da presença do Salvador, lembre-se de que: "Por um pequeno momento eu te abandonei, mas com grandes misericórdias eu te recolherei". Tenha fé na palavra de Deus e, sejam quais forem seus temores ou necessidades, "Lembra-te da palavra dada a teu servo".

7 DE MAIO

"Tu és a minha esperança no dia do mal." Jeremias, 17:17

Está escrito na Palavra de Deus: "Todas as suas veredas são de paz", e o curso do justo é "como a luz resplandecente que vai brilhando mais e mais até o dia perfeito", mas ainda assim, às vezes, as nuvens cobrem o sol do crente. Há muitos que desfrutam da luz nos estágios iniciais de sua carreira cristã, caminham pelos "pastos verdejantes", mas, de repente, descobrem que o céu glorioso está nublado. Nenhum cristão desfruta de prosperidade perpétua. Talvez, o Senhor tenha lhe concedido, no início, um caminho suave, mas agora que você está mais forte na vida espiritual precisa de tempestades para exercitar a fé em Cristo, revelando o valor de sua gloriosa esperança no dia do mal.

8 DE MAIO

"O Senhor tem prazer em seu povo." Salmos, 149:4

Quão abrangente é o amor de Jesus! Não há nada que diga respeito ao bem-estar de Seu povo que não seja importante para Ele. Não duvide disto: "Os cabelos de sua cabeça estão todos contados". Seria muito triste para nós se os males que podem ser causados a nós ou a nossos negócios não estivessem sob

09-10 MAIO

a proteção de nosso gracioso Senhor! A amplitude de seu terno amor é tal que você pode recorrer a Ele em todas as suas aflições. Pense no que o amor de Jesus lhe proporcionou: justificação, adoção, santificação, vida eterna! Você nunca será capaz de contá-las. Vá para o seu descanso regozijando-se, pois você não é um andarilho desolado, mas um filho amado, cuidado, suprido e defendido por seu Senhor.

9 DE MAIO

"Quão preciosos são teus pensamentos para mim, ó Deus."
Salmos, 139:17

A onisciência divina oferecida ao filho de Deus transborda consolo. Deus está sempre pensando em nós, tem-nos sempre diante de Seus olhos, não existe um momento sequer fora da observação de nosso Pai celestial. Seus pensamentos são sempre ternos, amorosos, sábios, prudentes, e nos trazem inúmeros benefícios, por isso há o convênio da graça pelo qual sua salvação é garantida. Em todas as nossas andanças, o olhar vigilante do Observador Eterno está sempre fixo em nós, nunca vagamos além dos olhos do Pastor. Em nossas tristezas, Ele nos observa incessantemente, e em nossas labutas Ele nos auxilia em todas as lutas. Todos os detalhes de nosso mundo são considerados por Deus.

10 DE MAIO

"Suas faces são como um canteiro de especiarias, como flores doces."
Cantares de Salomão, 5:13

Aquela face outrora tão encharcada de lágrimas de compaixão e, depois, que sorri com misericórdia é tão perfumada e aromática para meu coração. As marcas de amor ilimitado não podem deixar de encantar minha alma muito mais do que perfume. O menor vislumbre de Sua face produz uma variedade de prazeres. Em Jesus, encontro não apenas uma flor, mas também todos os tipos de flores doces. Quando Ele está comigo, minha alma sai para lavar o rosto feliz no orvalho matinal de Sua graça e para se consolar com o canto dos pássaros de Suas promessas. Precioso Senhor Jesus, permita-me conhecer de fato a bem-aventurança que habita na comunhão permanente com você.

11-13 MAIO

11 DE MAIO

"Não rogo que os tires do mundo." João, 17:15

Em breve, teremos terminado "o bom combate da fé", e entraremos na alegria do Senhor. Embora Cristo tenha orado para que seu povo pudesse estar com Ele onde Ele está, não pediu que seja levado imediatamente deste mundo para o céu. Ele quer que, como espigas de milho totalmente maduras, cada um de nós seja recolhido no celeiro de nosso Mestre no tempo certo. Jesus pede que sejamos guardados do mal, mas nunca pede que sejamos admitidos na glória até atingirmos a maioridade. Estar com Cristo é muito melhor, mas deixe que seu cuidado e desejo sejam glorificar a Deus por meio de sua vida aqui, enquanto Ele quiser, mesmo que seja com labuta, conflito e sofrimento, deixe que Ele diga quando basta.

12 DE MAIO

"Todos estes morreram na fé." Hebreus, 11:13

Veja o epitáfio dos santos abençoados que adormeceram antes da vinda de nosso Senhor! Não importa como eles morreram, se de velhice ou por meios violentos, "todos eles morreram na fé". Na fé eles viveram, e na mesma graça espiritual eles morreram. Eles mantiveram o caminho da fé até o fim. Acreditaram nas promessas e tiveram seus pecados apagados pela misericórdia de Deus, confiantes de sua aceitação por Deus, afirmando que o Messias certamente viria e que, quando aparecesse na Terra nos últimos dias, eles se levantariam de seus túmulos para O contemplar. Olhe para Jesus, o autor e consumador de sua fé. Agradeça a Ele por ter lhe dado uma fé tão preciosa quanto a das almas que agora estão na glória.

13 DE MAIO

"No mundo tereis tribulações." João, 16:33

Você está perguntando a razão de ter tribulações? Não precisará pensar muito para saber quais são os inimigos. Você acha que Satanás o deixará em paz? Não, ele estará sempre atrás de você, "como leão que ruge, buscando a quem possa tragar". O mundo não é seu amigo. Se for, então você não é amigo de Deus, pois aquele que é amigo do mundo é inimigo de Deus. Olhe para dentro de você, e observe que o ego ainda está lá. Se você não tivesse nenhum inimigo, encontraria em si mesmo maldade suficiente para ser um grande problema, pois "o coração é enganoso acima de todas as coisas e desesperadamente perverso". Mas, não desanime, pois Deus disse: "Eu estarei contigo na angústia; eu te livrarei e te honrarei".

14 DE MAIO

"Um socorro bem presente." Salmos, 46:1

As bênçãos do convênio foram feitas para serem apropriadas. Quando estiver com problemas, conte a Jesus toda a sua dor. Ele tem um coração compassivo, e pode confortá-lo e aliviá-lo. Você não deve preferir aos amigos, contando sua história, mas sim o seio de seu Senhor. Você está sobrecarregado com os pecados? O sentimento de culpa voltou sobre você? A graça perdoadora de Jesus pode ser provada repetidas vezes para você ser purificado. Você se sente doente? Toque o sino da oração e chame o Médico que lhe dará o remédio para o reanimar. Não há nada que agrade mais a Cristo do que o fato de seu povo clamar por Seu socorro. Quanto mais fardos colocarmos em Seus ombros, mais precioso Ele será para nós.

15 DE MAIO

"Tendo nascido de novo, não de semente corruptível, mas de incorruptível." 1 Pedro, 1:23

Pedro exortou os santos: "Vede que vos ameis uns aos outros, por causa da vossa nobreza de nascimento, nascidos de semente incorruptível; por causa de sua linhagem, sendo descendentes de Deus, o Criador de todas as coisas". Seria bom se, no espírito de humildade, reconhecêssemos a verdadeira dignidade de nossa natureza regenerada e vivêssemos de acordo com ela. O cristão deve ter um novo nascimento, e comportar-se em todas as suas relações como alguém escolhido do mundo, distinguido pela graça soberana, e que, portanto, não pode rastejar no pó à maneira dos cidadãos do mundo. Que a dignidade o constranja a se apegar à santidade e a evitar o mal.

16-18 MAIO

16 DE MAIO

"Eu serei o seu Deus, e eles serão o meu povo." 2 Coríntios, 6:16

Que revelação animadora. Quanto significado está contido nessas duas palavras: "Meu povo!". O mundo inteiro é de Deus, o céu dos céus é do Senhor, e Ele reina sobre aqueles que Ele escolheu, e Ele nos ama com um amor eterno. Você pode olhar para o céu e dizer: "Meu Deus me dá o direito de chamá-lo de Pai por aquela santificada comunhão que me deleito em manter com Ele". Você pode, por humilde fé, segurar as vestes de Jesus e dizer: "Meu Cristo"? Se puder, então Deus diz de você e de outros como você: "Meu povo", pois, se Deus for o seu Deus e Cristo o seu Cristo, o Senhor tem um favor especial e peculiar para com você, que é o objeto de Sua escolha, aceito em Seu Filho amado.

17 DE MAIO

"O entendimento para aqueles que o possuem é uma fonte de vida." Provérbios, 16:22

Com entendimento encontramos o bem no sentido mais pleno. Sem sabedoria somos como o potro da jumenta selvagem, correndo para lá e para cá, desperdiçando forças que poderiam ser empregadas de forma proveitosa. A sabedoria é a bússola pela qual navegamos pelo deserto da vida. Se, treinados pelo Grande Mestre, seguirmos Seus passos, encontraremos frutos celestiais e canções do paraíso em meio aos bosques da Terra. Mas onde aprenderemos essa sabedoria? Ouça a voz do Senhor, pois Ele revela a verdadeira maneira de obter a sabedoria, e nos dá um diploma de sabedoria concedido pela inspiração. Feliz você será agora, e mais feliz ainda no céu.

18 DE MAIO

"Nós habitamos nele." 1 João, 4:13

Você quer uma casa para sua alma? Então, deve aceitar a casa do Mestre em um contrato por toda a eternidade, sem pagar por ela, nada além de amá-lo e servi-lo. Uma casa repleta de riquezas, em uma comunhão íntima com Cristo e com Seu amor, e quando estiver cansado, você pode encontrar descanso com

19-20 MAIO

Jesus. Se você se sentir culpado e condenado, venha, Cristo o tornará bom o suficiente para habitar a casa. Ele o limpará, e você ainda poderá cantar! Você é um grande privilegiado, pois tem uma habitação forte na qual está sempre seguro. Quando este mundo tiver se derretido como um sonho, sua casa permanecerá mais imperecível do que o mármore, mais sólida do que o granito, pois é o próprio Deus: "n'Ele habitamos".

19 DE MAIO

"Esperarei todos os dias do meu tempo determinado." Jó, 14:14

Nossas armaduras surradas e semblantes cheios de cicatrizes tornarão mais ilustre nossa vitória no alto, quando formos recebidos em plena comunhão com Cristo após permanecermos por algum tempo na Terra. Ele foi batizado com um batismo de sofrimento, e nós devemos ser batizados com o mesmo batismo se quisermos compartilhar Seu reino. A comunhão com Cristo é tão honrosa que a dor mais dolorosa é um preço leve para obtê-la. Não gostaríamos de entrar no céu até que nosso trabalho esteja concluído, e pode ser que tenhamos de ministrar luz às almas que se encontram no deserto do pecado. Nossa permanência aqui é, sem dúvida, para a glória de Deus. Espere todos os dias do seu tempo determinado.

20 DE MAIO

"Seguiam-no grandes multidões, e ele curava a todos." Mateus, 12:15

Que massa de doenças deve ter se lançado sob os olhos de Jesus! No entanto, não lemos que ele ficou enojado, mas sim que Ele estava pronto para cada nova forma do monstro do mal e foi vitorioso sobre todas, desde o calor da febre, a letargia da paralisia, a sujeira da lepra ou a escuridão da oftalmia, todos conheciam o poder de sua palavra e fugiam ao Seu comando. Qualquer que seja o seu caso, o Médico amado pode curar você, e qualquer que seja o estado de outras pessoas de quem você se lembre em oração, Jesus poderá curá-las. Ele, que na Terra andou pelos hospitais, ainda distribui sua graça e faz maravilhas. Se precisar, vá até Ele imediatamente e com toda a sinceridade.

21-23 MAIO

21 DE MAIO

"Disse-lhe Jesus: Levanta-te, toma o teu leito e anda." João, 5:8

Um homem impotente estava esperando que uma maravilha fosse realizada. Cansado, ele olhava para o tanque, mas nenhum anjo veio. Ele não sabia que Jesus estava perto dele, cuja palavra poderia curá-lo. Muitos estão na mesma situação. É uma reflexão muito triste o fato de que milhares de pessoas estejam agora esperando o movimento da água, pobres almas que se esquecem do Salvador atual, pedindo apenas que olhem para Ele e sejam salvas. Ele pode curá-las imediatamente, mas elas preferem esperar por uma maravilha. Que o Senhor volte os olhos para os que estão nesse caso, perdoe suas ofensas e as chame para que se levantem e, com a energia da fé, tomem seu leito e caminhem.

22 DE MAIO

"Aquele que foi curado não sabia quem era." João, 5:13

Muitos anos de doença devem ter sido muito cansativos para o pobre homem a quem Jesus curou com uma palavra. Da mesma forma, o pecador que durante meses esteve paralisado pelo desespero e que suspirou pela salvação tem plena consciência da mudança quando Jesus lhe dá alegria e paz, uma mudança maravilhosa demais para não ser percebida. Já o pobre homem ignorava o autor de sua cura, e foi muito atormentado pelos fariseus, incapaz de os enfrentar. A cura de sua ignorância, no entanto, logo se seguiu à cura de sua enfermidade, pois ele foi visitado pelo Senhor no templo e, depois dessa graciosa manifestação, foi encontrado testificando que "foi Jesus quem o curou".

23 DE MAIO

"Conheça-se agora com ele." Jó, 22:21

Se quiser conhecer a Deus e estar em paz, você deve conhecê-lo tal como Ele se revelou, não só na unidade da Sua essência, mas também na pluralidade das Suas pessoas. Deus disse: "Façamos o homem à nossa imagem", portanto não se

24-25 MAIO

contente até que saiba algo sobre o "nós" de quem seu ser foi derivado. Procure conhecer o Pai, e alegre seu coração na Sua graça. Depois, o Filho de Deus, que é o brilho da glória de seu Pai, e siga-O. Não se esqueça do Espírito Santo, ter uma visão clara de Sua natureza de Iluminador, Instrutor, Consolador. Veja-o como uma santa unção que desce sobre a cabeça de Jesus. Essa crença bíblica na Trindade em Unidade é sua se conhecer verdadeiramente a Deus, conhecimento que trará paz.

24 DE MAIO

"Que nos abençoou com todas as bênçãos espirituais." Efésios, 1:3

Toda a bondade do passado, presente e futuro Cristo concede ao seu povo. Jesus foi o primeiro eleito de Seu Pai, e na Sua eleição fomos escolhidos. Como Filho unigênito de Seu Pai, Ele nos dá Sua graça, por adoção e regeneração nos elevou à filiação, dando-nos o poder de sermos filhos de Deus. A aliança eterna é nossa consolação e segurança. A maravilhosa encarnação do Deus do céu, com a expiação completa, concede-nos bençãos. Em Seu trono Ele se lembra de nossas pessoas e defende nossa causa. Sua majestade está ao nosso serviço. Aquele que se entregou por nós nas profundezas da miséria e da morte não retira Suas bênçãos espirituais agora que habita nos céus mais altos.

25 DE MAIO

"Venha, meu amado, vamos para o campo [...] vamos ver se a videira floresce." Canção de Salomão, 7:11-12

É tarefa do povo de Deus labutar em Suas vinhas. Saiamos, pois, para o campo. Observe que a igreja, em todos os seus muitos trabalhos deseja desfrutar de comunhão com Cristo. Alguns pensam que não podem servir a Cristo ativamente, apenas ter comunhão com Ele. Estão enganados. Maria não foi louvada por estar sentada em silêncio, mas sim por se sentar aos pés de Jesus. Os cristãos não devem ser elogiados por negligenciarem os deveres sob o pretexto de terem comunhão secreta com Jesus, porque não é sobre sentar, mas sentar-se aos pés de Jesus que é louvável. Aqueles que têm maior comunhão com Cristo devem ser colaboradores de Deus.

26-28 MAIO

26 DE MAIO

"Cristo ressuscitou dentre os mortos." 1 Coríntios, 15:20

Todo o sistema do cristianismo se baseia no fato de que "Cristo ressuscitou dentre os mortos" porque, se Cristo não ressuscitou, então a nossa pregação é em vão, e a nossa fé também. A divindade de Cristo encontra a sua prova mais certa na ressurreição, depende da Sua ressurreição, pois "Cristo morreu, e reviveu". Nossa justificação, essa bênção da aliança, está ligada à vitória triunfal de Cristo sobre a morte e o sepulcro, porque "Ele foi entregue pelas nossas transgressões, e ressuscitou para a nossa justiça", e somos "renovados para uma esperança viva pela ressurreição de Jesus". Se Cristo ressurgiu, então os que dormem em Cristo não perecerão, mas verão o seu Deus.

27 DE MAIO

"O unigênito do Pai, cheio de graça e de verdade." João, 1:14

Você pode dar seu testemunho de que Cristo é o único nascido do Pai, o primogênito. Diga: "Ele é divino. Ele fez para mim aquilo que ninguém além de um Deus poderia fazer. Ele derreteu um coração de obstinação, abriu portas, e transformou meu luto em riso, minha desolação em alegria. Que outros pensem como quiserem, mas para mim Ele é o único filho do Pai. Abençoado seja o Seu nome. E Ele está cheio de graça. Se não fosse Ele, eu nunca teria sido salvo". Ele disse: "Seus pecados estão todos perdoados". É verdade que nenhuma de Suas promessas falhou. Jesus é nossa vida, e na pobreza é nossas riquezas, na escuridão uma estrela, o maná no deserto, toda a graça, toda a verdade.

28 DE MAIO

"Estou sempre contigo." Mateus, 28:20

Jesus é sempre o mesmo, e está sempre conosco. É uma rocha estável no meio dos baluartes do mar da vida. Não ponha seus afetos sobre tesouros corroídos de traça, que se corrompem, mas sim sobre Aquele que permanece eternamente fiel. Não construa sua casa sobre as areias movimentadas de um mundo enganoso, mas sobre a rocha, que mesmo com a chuva e as inundações

29-30 MAIO

ficará segura. Coloque toda a sua confiança em Cristo, e assim pode rir da perda, e desafiar a destruição. Como é doce ter luz do Sol! Confie naquele que o fará sentar-se com Ele em lugares celestiais para sempre, todas suas preocupações naquele que nunca o abandonará, porque "Jesus Cristo é o mesmo ontem, e hoje, e para sempre".

29 DE MAIO

"Seja forte e muito corajoso." Josué, 1:7

Alguns consideram insignificante um crente ser molestado com dúvidas e medos, mas Deus não pensa assim. Quando nos desesperamos, estamos sujeitos a uma doença grave, e devemos ser levados de imediato ao médico amado. O cristão deve ter um espírito corajoso, a fim de glorificar o Senhor, suportando as provações de uma maneira heroica. A dúvida e o desânimo são como uma epidemia que logo se espalha entre o rebanho do Senhor. A alegria do Senhor é sua força. Quem se esforça, regozijando-se em seu Deus, crendo de todo o coração, tem sucesso garantido. Aquele que semeia na esperança colherá na alegria, portanto, "seja forte e corajoso".

30 DE MAIO

"E manifestar-me-ei a ele." João, 14:21

Jesus dá revelações especiais de si mesmo ao Seu povo. Mesmo que a Escritura não declare isso, muitos tiveram manifestações de seu Salvador Jesus Cristo de uma maneira peculiar. Nas biografias de santos eminentes você encontra muitos casos registrados de que Jesus teve prazer de falar sobre as maravilhas da sua pessoa, e assim as almas deles foram imersas em tanta felicidade que eles pensaram estar no céu. Um efeito é a humildade, porque "Deus tem respeito pelos humildes". Outro efeito é a felicidade, porque na presença de Deus há prazeres para sempre. A Santidade também é uma manifestação. Assim, haverá três efeitos da proximidade a Jesus: humildade, felicidade e santidade. Que Deus as dê a você!

31 DE MAIO

"O choro pode durar uma noite, mas a alegria vem de manhã."
Salmos, 30:5

Se você estiver numa noite de provação, pense no amanhã, alivie seu coração com o pensamento da vinda do Senhor. Seja paciente, porque "Olha! Ele vem descendo com as nuvens". Tenha paciência! Jesus disse: "Eis que venho depressa, e a minha recompensa está comigo, para dar a cada um segundo a sua obra". Sua cabeça pode estar coroada de tormentos agora, mas ela vestirá uma coroa. Sua mão pode estar cheia de preocupações, mas ela em breve sentirá as cordas da harpa no céu. Espere um pouco mais. Suas provações parecerão sofrimentos leves. Continue com coragem. Se a noite nunca foi tão escura, logo vem a manhã. O que importa se "o choro pode durar uma noite", quando "a alegria vem de manhã"?

Problemas acontecem nas vidas de todos nós. Eles chegam a uma pessoa da mesma forma, e talvez ele pense que é o único a sofrer de verdadeira miséria. No entanto, eles também chegam a outros, embora possivelmente de outra forma. Certamente há uma cruz para cada ombro carregar. Simão não deveria carregar a cruz sozinho e todos os outros ficarem livres. Não há caminho para o céu sem suas pedras, ou sem a dificuldade de subir a colina, são poucos os peregrinos que chegam à Cidade Celestial sem passar pelo Vale da Sombra da Morte. Os "caminhos da Sabedoria são caminhos agradáveis, e todas as suas veredas são paz. Ela é uma árvore de vida para aqueles que dela lançam mão; e feliz é todo aquele que a retém." O Senhor dos peregrinos era "um homem de dores e familiarizado com a dor". Seus discípulos devem esperar passar pela mesma situação que seu Mestre passou aqui embaixo, pois basta ao servo ser como seu Senhor.

01-03 JUNHO

1º DE JUNHO

"A tarde e a manhã foram o primeiro dia." Gênesis, 1:5

Há mudanças nas circunstâncias, desde o brilho do sol da prosperidade até a meia-noite da adversidade. Nem sempre o Sol brilhará ao meio-dia, por isso devemos buscar a Jesus. Todos os amados do Senhor já passaram por provação e libertação, luto e deleite. Aprenda a se contentar com essa ordem divina e, como Jó, a receber o mal das mãos do Senhor, assim como o bem. Louve ao Senhor pelo sol da alegria, quando ele nasce, e pela escuridão da noite, quando ele se põe, porque a noite é tão útil quanto o dia. As estrelas da promessa brilham gloriosamente em meio à escuridão. Continue em seu chamado como servo do Senhor até que ele apareça em sua glória.

2 DE JUNHO

"Coerdeiros com Cristo." Romanos, 8:17

Como "herdeiro de todas as coisas", Cristo é o único proprietário da vasta criação de Deus, e nos permitiu reivindicar tudo como nosso, em virtude da escritura de co-herança que o Senhor concedeu ao seu povo. As ruas douradas do paraíso, o rio da vida, a bem-aventurança e a glória indescritíveis são, por nosso Senhor, entregues a nós para nossa posse eterna. Ele colocou a coroa real sobre a cabeça de Sua Igreja, designando-a como um reino e chamando seus filhos uma geração de sacerdotes e reis. O trono, a coroa, o cetro, o palácio, o tesouro. "A glória que me deste, eu lhes dei". "Estas coisas vos tenho dito, para que a minha alegria permaneça em vós, e a vossa alegria seja completa."

3 DE JUNHO

"Ele tornará o seu deserto como o Éden." Isaías, 51:3

Em um grande e terrível deserto, semelhante ao Saara, nada alivia os olhos. A visão de areia quente e árida, repleta de esqueletos de miseráveis que morreram de angústia por terem se perdido, é uma visão terrível! De repente, brota da areia escaldante um lírio e, milagre dos milagres, o deserto se transforma em um campo frutífero, tudo floresce, tornando-se o Paraíso. Jesus faz que todas as coisas se tornem novas. Você foi cuidado pela providência divina, lavado e purificado de sua impureza, adotado na família do céu, e agora você é um príncipe para Deus. Valorize muito o poder e a graça incomparáveis que transformam desertos em jardins e fazem o coração estéril cantar de alegria.

4 DE JUNHO

"Porque a carne cobiça contra o Espírito, e o Espírito contra a carne." Gálatas, 5:17

No coração de todo crente há uma luta constante entre a velha natureza e a nova. A velha natureza é muito ativa e não perde a oportunidade de usar todas as armas contra a graça recém-nascida. Por outro lado, a nova natureza está sempre atenta para resistir, empregando oração, fé, esperança e amor, tomando "toda a armadura de Deus" para lutar fervorosamente. Essas duas naturezas opostas nunca deixarão de lutar enquanto estivermos neste mundo. Mas, temos um ajudador Todo-Poderoso, Jesus, o Capitão de nossa salvação, sempre conosco nos assegurando que, por meio d'Ele, sairemos mais do que vencedores. Continue lutando! O próprio Deus está com você. Olhe para Jesus.

5 DE JUNHO

"Bom Mestre." Mateus, 19:16

Se o jovem do evangelho usou esse título ao falar com nosso Senhor, dessa forma O trataremos. Ele é, de fato, o Mestre em ambos os sentidos, um Mestre que governa e um Mestre que ensina. Sou tanto seu servo quanto seu discípulo, e considero minha maior honra possuir esse duplo caráter. Se Ele me perguntasse por que o chamo de "bom", eu teria uma resposta pronta. É verdade que "não há ninguém bom além de um, isto é, Deus", mas Ele é Deus, e toda a bondade brilha nele. Não há um Mestre melhor, pois seu serviço é a liberdade, seu governo é o amor, e o que ele ensina é indescritivelmente bom, Sua doutrina é divina, Seu espírito é a própria gentileza, e todas as Suas palavras conduzem ao bem, santificando e edificando.

06-08
JUNHO

6 DE JUNHO

"Estes eram oleiros, e os que habitavam entre as plantas e as sebes; ali habitavam com o rei para a sua obra." 1 Crônicas, 4:23

Os oleiros não estavam no mais alto grau de trabalhadores, mas "o rei" precisava deles. Estavam a serviço da realeza, embora o material com o qual trabalhavam fosse apenas argila. Nós também podemos estar engajados na parte mais braçal da obra do Senhor, mas é um grande privilégio fazer qualquer coisa para "o rei". O texto fala dos que moravam entre plantas e cercas vivas, tendo um trabalho rude. Poderiam ter desejado viver em meio ao refinamento, mas mantiveram seus lugares designados, pois estavam fazendo a obra do rei. Portanto, permaneça em seu chamado. Em todas as obras de fé você pode contar com a companhia de Jesus.

7 DE JUNHO

"Ele se humilhou a si mesmo." Filipenses, 2:8

Jesus é o grande mestre da humildade de coração. Aprenda diariamente com ele. Veja o Mestre pegando uma toalha e lavando os pés de Seus discípulos, o Servo dos servos, e certamente você não será orgulhoso. Fique ao pé da cruz e conte as gotas de púrpura pelas quais você foi purificado, e se não se humilhar na presença de Jesus, você não O conhece. Você estava tão perdido que nada poderia salvá-lo, a não ser o sacrifício do filho de Deus. Assim como Jesus se abaixou por você, curve-se em humildade aos pés d'Ele. Que o Senhor o leve em contemplação ao Calvário, então sua posição não será mais a de alguém pomposo e orgulhoso, mas ocupará o lugar humilde de quem ama muito porque muito lhe foi perdoado.

8 DE JUNHO

"A bondade e o amor de Deus, nosso Salvador." Tito, 3:4

Como é doce contemplar o Salvador comungando com Seu povo amado! Nada é mais agradável do que, pelo Espírito Divino, ser conduzido a esse campo de prazer. Deixe a mente considerar por um instante a história do amor do

09-10 JUNHO

Redentor, e mil atos encantadores de afeição sugerirão, todos com o objetivo de entrelaçar os pensamentos e as emoções da alma renovada com a mente de Jesus. Quando a alma tiver entendimento para discernir todas as dádivas do Salvador, sabedoria para avaliá-las e tempo para meditar sobre elas, então terá uma das coisas que não entraram no coração do ser humano, mas que Deus preparou para aqueles que o amam. Isso nos inundará de amor.

9 DE JUNHO

"Ele é o que cura todas as tuas doenças." Salmos, 103:3

Que conforto saber que há um grande Médico capaz e disposto a nos curar! Suas curas são muito rápidas, há vida em olhar para Ele, que ataca o centro da doença. Ele nunca falha e a doença nunca retorna. Não há recaída quando Cristo cura. Ele teve de lidar com complicações extraordinárias de doenças estranhas, mas soube exatamente como tratar o paciente. Ele é o único médico universal, e o remédio que dá é o único verdadeiro, capaz de curar todos os casos. Qualquer que seja a sua doença, recorra imediatamente a esse Médico Divino. Basta pensar nas pessoas que foram libertadas de todos os tipos de doenças pela virtude do Seu toque, e você se colocará alegremente em Suas mãos.

10 DE JUNHO

"Aperfeiçoado." Hebreus, 12:23

Há dois tipos de perfeição que o cristão precisa: a da justificação na pessoa de Jesus; e a perfeição da santificação realizada pelo Espírito Santo. A corrupção ainda permanece até no peito dos regenerados. Dentro de nós ainda há concupiscências. Alegre-se por saber que está chegando o dia em que Deus terminará a obra que começou e apresentará sua alma perfeita em Cristo, bem como pelo Espírito, sem mancha ou defeito. Quando você atravessar o Jordão, a obra de santificação estará concluída, e poderá reivindicar a perfeição. Então, dirá: "Estou limpo". A obra da graça deve permanecer em você agora ou não poderá ser aperfeiçoada depois. Ore para ser cheio do Espírito, para produzir cada vez mais os frutos da justiça.

11-13 JUNHO

11 DE JUNHO

"Que nos dá ricamente todas as coisas para delas desfrutarmos." 1 Timóteo, 6:17

Nosso Senhor Jesus é um sol que sempre brilha, sempre enviando sua graça, sua generosidade está sempre fluindo, e a fonte de seu amor está constantemente transbordando. Todos os dias colhemos seu fruto, e todos os dias seus ramos se inclinam para nossa mão com um novo estoque de misericórdia. Suas misericórdias são novas a cada manhã e frescas a cada noite. Quem pode saber o número de seus benefícios ou contar a lista de suas recompensas? Não podemos agradecer o suficiente Àquele que diariamente nos cumula de benefícios e nos coroa de benignidade. Oxalá nosso louvor fosse tão incessante como a Sua bondade!

12 DE JUNHO

"N'Ele habita corporalmente toda a plenitude da Divindade. E vós sois perfeitos n'Ele" Colossenses, 2:9-10

Toda a plenitude de Cristo nos torna completos. Ele não pode dotar-nos dos atributos da Divindade, mas nos deu salvação. Sua onipotência, onisciência, onipresença, imutabilidade e infalibilidade são atributos todos combinados para a nossa defesa. O amor do coração do Salvador é nosso, a imensidão do conhecimento divino, tudo será empregado para nós. Sua força é a nossa proteção, Sua justiça a nossa segurança, Seu amor a nossa consolação. Oh! como é bom poder invocar a Jesus assim com a certeza de que, ao procurarmos a interposição do Seu amor ou do Seu poder, estamos apenas pedindo aquilo que Ele já prometeu.

13 DE JUNHO

"Toda a correção, ao presente, não parece ser de gozo, senão de tristeza, mas depois produz um fruto pacífico de justiça nos exercitados por ela." Hebreus, 12:11

Não há calma mais profunda do que a que sucede a uma tempestade. Quem não se alegra com brilhos claros depois da chuva? Depois de atravessar o Vale

14-15 JUNHO

da Humilhação, aparece o brilhante ramo de cura da árvore da vida. É a paz, doce e profunda, que segue o horrível tumulto que uma vez tomou nossas almas atormentadas, culpadas. Mesmo agora o cristão se entristece por suas perdas, mas ele se levanta de suas quedas, e suas graves aflições lhe dão fruto pacífico. Quem não carregaria a cruz presente para a coroa que virá depois? Espera, ó alma, e que a paciência tenha a sua obra perfeita.

14 DE JUNHO

"Bondade maravilhosa." Salmos, 17:7

Os favores de nosso Senhor são sempre realizados com amor. Quando Ele coloca as fichas douradas de sua graça em nossas mãos, a maneira como dá é tão preciosa quanto o próprio benefício. Ele entrará em nossas casas para cumprir suas tarefas de bondade e se sentará ao nosso lado, não desprezando nossa pobreza nem culpando nossa fraqueza. É impossível duvidar da sinceridade de Sua caridade, pois Ele dá generosamente e não censura. Ele se alegra com Sua misericórdia e nos aperta contra seu peito enquanto derrama Sua vida por nós. Oh! a rara comunhão que tal sinceridade singular efetua! Que possamos continuamente provar e conhecer a bem-aventurança do Senhor!

15 DE JUNHO

"Se assim for, você já provou que o Senhor é gracioso." 1 Pedro, 2:3

Esse "Se" significa que há uma possibilidade de que alguns possam não ter provado que o Senhor é gracioso, e é necessário perguntar se conhecemos a graça de Deus pela experiência interior. Ninguém deve ficar contente enquanto houver algo como um "se" sobre ele ter provado que o Senhor é gracioso. Não devemos descansar até que possamos abraçar o Salvador nos braços da fé e dizer: "Sei em quem tenho crido e estou convencido de que ele é capaz de cumprir aquilo que lhe confiei". Avance além desse triste "se", e não permaneça mais no deserto de dúvidas e medos, mas atravesse o Jordão da desconfiança e entre na Canaã da paz, onde a terra não deixa de fluir leite e mel.

16-18 JUNHO

16 DE JUNHO

"Ele os conduziu pelo caminho certo." Salmos, 107:7

Experiências transformadoras muitas vezes levam o crente ansioso a perguntar: "Por que é assim comigo? Procurei a luz, mas vieram trevas". Diga em seu coração: "minha montanha permanece firme. Eu nunca serei movido". O eclipse da sua fé, a escuridão da sua mente, o desfalecimento da sua esperança, tudo faz parte do método de Deus para torná-lo maduro para a grande herança na qual você entrará em breve. As provações servem para testar e fortalecer sua fé. Não pense que suas tristezas estão fora do plano de Deus, porque são partes necessárias dele. "Devemos, através de muitas tribulações, entrar no reino". Aprenda, então, a "considerar toda alegria quando você cai em diversas tentações".

17 DE JUNHO

"Bendito seja Deus, que não rejeitou minha oração." Salmos, 66:20

O verdadeiro cristão, em uma retrospectiva, chora por suas orações, e se pudesse refazer seus passos, desejaria orar com mais fervor. É maravilhoso dizer que Deus ouviu suas orações, e não apenas as ouviu, mas as respondeu. Reflita também sobre ter passado por problemas e, então, tenha frequentemente orado, mas quando a libertação chegou, sua súplica constante cessou. Apesar de você ter parado de orar como antes, Deus não deixou de abençoar, não o abandonou. Que a graciosa bondade do Senhor em ouvir tais orações toque seu coração, para que doravante possa ser encontrado "orando sempre com toda oração e súplica no Espírito".

18 DE JUNHO

"Continue na fé." Atos, 14:22

A perseverança é a marca dos verdadeiros santos. A vida cristã não é um começo apenas nos caminhos de Deus, mas também uma continuação enquanto durar a vida. Só será coroado no final aquele que continua acreditando. O mundo não se opõe a que você seja cristão por um tempo, se ele puder tentá-lo a cessar sua peregrinação. A carne procurará enredá-lo e impedir que você prossiga para a glória. Satanás se esforçará para atrapalhar seu serviço. Ele atacará sua firmeza: "Qual é a vantagem de ser tão zeloso? Durma como os outros, e deixe sua lâmpada se apagar como as outras virgens". Use seu escudo, feche sua armadura e clame poderosamente a Deus, para que por Seu Espírito você possa perseverar até o fim.

19 DE JUNHO

"Lança o teu fardo sobre o Senhor, e ele te sustentará." Salmos, 55:22

Quem não consegue deixar calmamente os seus assuntos nas mãos de Deus, mas carrega o próprio fardo, muito provavelmente será tentado a usar meios errados para ajudar a si mesmo. Esse pecado nos faz recorrer à sabedoria humana. A ansiedade nos faz duvidar da benignidade de Deus e, assim, nosso amor por Ele esfria. Passamos a sentir desconfiança e, assim, entristecemos o Espírito de Deus. Com simples fé em Sua promessa, lance cada fardo que surgir sobre Ele, porque Ele se comprometeu a cuidar de você. Assim, você se manterá perto d'Ele e se fortalecerá contra muitas tentações. "Tu manterás em perfeita paz aquele cuja mente está firme em ti, porque ele confia em ti".

20 DE JUNHO

"A quem ele justificou, a eles também glorificou." Romanos, 8:30

Aqui está uma verdade preciosa para você, crente. Você pode ser pobre, ou estar sofrendo, ou ser desconhecido, mas para seu encorajamento, faça uma revisão de seu "chamado" e das consequências que dele decorrem, e especialmente do mencionado resultado abençoado. Tão certo quanto você é filho de Deus hoje, todas as suas provações logo chegarão ao fim, e você será rico em todos os intentos de bem-aventurança. Espere um pouco, e aquela cabeça cansada usará a coroa da glória, e aquela mão de trabalho agarrará o ramo de palma da vitória. Não lamente seus problemas, mas regozije-se porque em breve você estará onde "não haverá tristeza, nem choro, nem haverá mais dor".

21-23
JUNHO

21 DE JUNHO

"Aquele que não ama não conhece a Deus." 1 João, 4:8

A marca de um cristão é sua confiança no amor de Cristo. Primeiro, a fé capacita a alma a dizer como o apóstolo: "Cristo me amou e se entregou por mim". O amor imprime no coração a gratidão e o amor a Jesus. "Nós o amamos porque ele nos amou primeiro". O amor que os apóstolos sentiam pelo Senhor não era uma emoção silenciosa que escondiam na câmara secreta de suas almas, mas sim uma paixão visível em todas as suas ações. Por causa amor a Cristo, eles fizeram muito, e é a mesma coisa agora. Os filhos de Deus são governados pelo amor de Cristo, porque o amor divino é colocado em seus corações pelo Espírito Santo, e então, pela força da gratidão, amam o Salvador com um coração puro e fervoroso.

22 DE JUNHO

"Os que amam o Senhor odeiam o mal." Salmos, 97:10

Você tem bons motivos para "odiar o mal", apenas considerando o mal que ele já lhe causou. O pecado o cegou para que você não pudesse ver a beleza do Salvador, e isso o deixou surdo para que você não pudesse ouvir os ternos convites do Redentor. Assim éramos todos nós, mas Paulo nos lembra de que: "fomos lavados, santificados, justificados em nome do Senhor Jesus". Nossas almas teriam se perdido se o amor onipotente não tivesse interferido para nos redimir. Portanto, "se você realmente ama o seu Salvador e o honra, então "odeie o mal". Não há cura para os efeitos do mal em um cristão como o relacionamento abundante com Jesus. Permaneça com Ele e será impossível você estar em pecado.

23 DE JUNHO

"O Senhor fez grandes coisas por nós, das quais estamos felizes." Salmos, 126:3

Alguns cristãos são propensos a olhar para o lado negro de tudo e a pensar mais nas aflições do que no que Deus fez por eles. Mas um cristão cuja alma

24-25 JUNHO

está em um estado saudável se apresentará com alegria e dirá: "Ele me tirou de um abismo horrível e da lama, e pôs os meus pés sobre uma rocha, firmou os meus passos". É verdade que suportamos provações, mas é igualmente verdade que somos libertos delas, pois temos um Salvador que nos livra. Quanto mais profundos forem os nossos problemas, mais alto será o nosso agradecimento a Deus. Nossas tristezas não podem prejudicar a melodia de nosso louvor: "Ele fez grandes coisas por nós, pelas quais estamos felizes".

24 DE JUNHO

"Vivemos para o Senhor." Romanos, 14:8

Se Deus quisesse, cada um de nós poderia ter entrado no céu no momento da conversão, embora tenhamos acabado de crer em Jesus. É verdade que a nossa santificação é um processo longo e contínuo. No entanto, se o Senhor assim quisesse, Ele poderia ter nos mudado da imperfeição para a perfeição e nos levado para o céu imediatamente. Por que então estamos aqui? A resposta é: para "viver para o Senhor" e levar outros a conhecer Seu amor. Permanecemos na Terra como semeadores para espalhar a boa semente, para anunciar a salvação. Estamos aqui como o "sal da terra", para ser uma bênção para o mundo. Vivamos vidas sinceras, úteis e santas, para "o louvor da glória da sua graça".

25 DE JUNHO

"Nós o amamos porque ele nos amou primeiro." 1 João, 4:19

Não há luz no planeta, senão aquela que procede do Sol, e não há amor verdadeiro, senão aquele que vem do próprio Senhor Jesus. Dessa fonte transbordante do amor infinito de Deus, todo o nosso amor a Deus deve brotar. Admiração ao estudar as obras de Deus qualquer um pode ter, mas o calor do amor só pode ser aceso no coração pelo Espírito de Deus. O amor, então, tem como pai o amor de Deus derramado no coração, mas depois de nascer divinamente, deve ser nutrido. Assim como o amor vem do céu, ele deve alimentar-se do pão celestial. O amor deve se alimentar de amor. A própria alma e vida do nosso amor a Deus é o seu amor por nós.

26-28 JUNHO

26 DE JUNHO

"Quem nos salvou e nos chamou com uma santa vocação." 2 Timóteo, 1:9

A salvação não é uma bênção a ser desfrutada no leito de morte e a ser cantada em um estado futuro no alto, mas deve ser recebida e desfrutada agora. O cristão está perfeitamente salvo no propósito de Deus, por causa do preço que foi pago por ele. Essa salvação completa é acompanhada por uma santa vocação, pois aqueles a quem o Salvador salvou são chamados à santidade pelo poder de Deus. Deus não os escolheu nem os chamou porque eram santos, mas chamou-os para que fossem santos, e a santidade é a beleza produzida pela Sua obra neles. A salvação deve ser pela graça, porque o Senhor opera de tal maneira que a nossa justiça é excluída para sempre. Tal é o privilégio do crente – uma salvação presente.

27 DE JUNHO

"Quem quiser, tome de graça a água da vida." Apocalipse, 22:17

Jesus diz: "tome de graça". Ele não quer pagamento, não busca recomendação de nossas emoções virtuosas. Se você não tem bons sentimentos, se estiver disposto, você está convidado. Venha como você está e receba "de graça". As únicas pessoas que precisam passar com sede pela rua onde há um bebedouro são as que não conseguem pensar em se rebaixar a ponto de beber. Seria humilhante para elas. "Não serei salvo", dizem eles, "da mesma forma que a prostituta". Não existe caminho para a glória senão o caminho que levou o ladrão até lá? Esses orgulhosos presunçosos permanecem sem a água viva. Mas: "Quem quiser, tome gratuitamente a água da vida".

28 DE JUNHO

"Afaste de mim a vaidade e a mentira." Provérbios, 30:8

"Ó meu Deus, não fique longe de mim." Salmos, 38:21

Aqui temos duas grandes lições: o que reprovar e o que suplicar. Assim como há mais calor mais próximo do Sol, há mais felicidade mais perto de Cristo. Nenhum cristão tem conforto quando seus olhos estão fixos na vaidade, mas devem buscar seus deleites em uma esfera mais elevada do que as frivolidades ou os prazeres do mundo. Nenhum cristão está seguro quando seu Deus está longe dele. Quando o cristão se afasta de seu Deus, fica espiritualmente faminto e se esforça para se alimentar de vaidades. Às vezes, quem escorrega ao descer para o Vale da Humilhação dá um passo em falso, convida o inimigo a atacá-lo. Rogue pela graça de andar humildemente com nosso Deus!

29 DE JUNHO

"Deleite-se também no Senhor." Salmos, 37:4

A vida do crente é aqui descrita como um deleite em Deus, e assim somos certificados do grande fato de que a verdadeira religião transborda felicidade e alegria. Algumas pessoas nunca consideram a religião algo alegre. Para elas é dever ou necessidade, mas nunca prazer ou deleite. Mas os crentes que conhecem a Cristo entendem que o deleite e a fé estão tão abençoadamente unidos, pois as pessoas que amam a Deus de todo o coração descobrem caminhos agradáveis e de paz. Tais alegrias e prazeres transbordantes, bem-aventuranças, os santos descobrem em seu Senhor, e eles O seguem. Não temem a Deus por causa de qualquer compulsão, porque a piedade é seu prazer, a esperança sua felicidade.

30 DE JUNHO

"O Senhor é a minha luz e a minha salvação; a quem temerei? O Senhor é a força da minha vida; de quem terei medo?" Salmos, 27:1

Deus é nossa alegria, conforto, guia e luz. Observe que não é dito que o Senhor dá luz, mas que Ele é luz, tampouco que ele dê a salvação, mas que Ele é a salvação. É uma pergunta: "A quem temerei?". Os poderes das trevas não devem ser temidos, pois o Senhor, nossa luz, os destrói, bem como a condenação do inferno, pois o Senhor é a nossa salvação. Se Deus se dignar a nos fortalecer, não poderemos ser enfraquecidos. "De quem terei medo?" A pergunta ousada olha tanto para o futuro quanto para o presente. "Se Deus é por nós", quem poderá estar contra nós, agora ou no futuro?

01-03
JULHO

1º DE JULHO

"Sabendo, irmãos amados, que a vossa eleição é de Deus." 1 Tessalonicenses, 1:4

Você se sente um pecador perdido e culpado? Então, vá direto para a cruz de Cristo, e diga que você leu na Bíblia: "Aquele que vem a mim, de maneira nenhuma o lançarei fora". Diga-lhe que ele disse: "Esta é uma palavra fiel e digna de toda aceitação: que Cristo Jesus veio ao mundo para salvar os pecadores", e assim você fará prova de sua eleição, pois tão certamente quanto você crê, você é eleito. Se você se entregar totalmente a Cristo, então você é um dos escolhidos de Deus. A segurança do Espírito Santo será dada a você, para que possa dizer: "Eu sei em quem tenho crido e estou convencido de que ele é capaz de cumprir o que lhe confiei". Não haverá dúvida de que ele escolheu você, quando você o escolheu.

2 DE JULHO

"O penhor de nossa herança." Efésios, 1:14

Quanta iluminação e quanta alegria de coração experimenta quem aprendeu a se alimentar de Jesus. Provamos que o Senhor é gracioso. Desfrutamos das primícias do Espírito, e elas nos deixam famintos e sedentos pela plenitude da vida celestial. Temos muitos desejos insatisfeitos, mas em breve todos os desejos serão satisfeitos, e encontraremos o mais doce mundo eterno de alegria. Antecipe-se ao céu por alguns anos. Em bem pouco tempo você estará livre de todas suas provações. Contemplará em êxtase o esplendor daquele que está sentado no trono. O triunfo de Sua glória será compartilhado por você, assim como a coroa, a alegria, o paraíso, porque você será coerdeiro de quem é o herdeiro de todas as coisas.

3 DE JULHO

"As pessoas que conhecem o seu Deus serão fortes." Daniel, 11:32

Conhecer a Deus é a mais elevada forma de conhecimento espiritual, é uma fonte de força para o cristão. Isso fortalece sua fé. Os crentes são constantemente mencionados nas Escrituras como pessoas iluminadas e ensinadas pelo Senhor. O conhecimento fortalece o amor, assim como a fé. O conhecimento abre a porta, e então, vemos nosso Salvador. Se conhecermos pouco das excelências de Jesus, do que Ele fez por nós e do que está fazendo agora, quanto mais O amaremos. O conhecimento também fortalece a esperança. O conhecimento nos fornece razões para ter paciência. Quão importante, então, é que cresçamos não apenas na graça, mas também no "conhecimento" de nosso Senhor Jesus Cristo.

4 DE JULHO

"O sangue de Jesus Cristo, seu Filho, nos purifica de todo pecado." 1 João, 1:7

"Purifica", diz o texto – não "limpará". Oh! quão infinitamente melhor é ter uma limpeza agora do que depender da mera possibilidade de perdão após a morte. Alguns imaginam que o perdão é uma conquista que só pode ser obtida com anos de experiência cristã. Mas o perdão dos pecados é presente, um privilégio para agora, para hoje. No momento em que um pecador crê em Jesus, ele é totalmente perdoado. O texto, escrito no presente, também indica continuação: foi "limpo" ontem, é "limpo" hoje, será "limpo" amanhã. Observe a plenitude da purificação: "O sangue de Jesus Cristo, seu Filho, nos purifica de todo pecado". Seus pecados desapareceram de uma vez e para sempre. Bendita completude!

5 DE JULHO

"Na sua aflição, eles me procurarão cedo." Oséias, 5:15

Perdas e adversidades são frequentemente os meios que o grande Pastor usa para trazer para casa suas ovelhas errantes. Muitas vezes o cristão se torna obediente à vontade do Senhor pela escassez de pão. Quando o cristão fica rico, tem boa reputação, boa saúde e uma família feliz, ele muitas vezes admite o Sr. Segurança Carnal em sua mesa, mas quando constrangimentos ocorrem ele começa a ficar angustiado com seus retrocessos e se volta para Deus. As perdas nos negócios são muitas vezes santificadas para o enriquecimento da nossa alma. Não desmaie se você for assim repreendido, reconheça a mão amorosa que corrige e diga: "Eu me levantarei e irei para meu Pai".

06-08 JULHO

6 DE JULHO

"A bondade e o amor de Deus, nosso Salvador." Tito, 3:4

Como é doce contemplar o Salvador comungando com Seu povo amado! Não há nada mais agradável do que, pelo Espírito Divino, ser conduzido a esse campo fértil de prazer. Deixe a mente considerar por um instante a história do amor do Redentor com o objetivo de entrelaçar os pensamentos e emoções da alma com a mente de Jesus. Se você tiver entendimento para discernir as dádivas do Salvador, sabedoria para avaliá-las e tempo para meditar sobre elas, então terá uma comunhão com Jesus bem mais próxima. Pela fé, como em um vidro escuro, você vê a imagem de tesouros ilimitados, mas quando contemplar as coisas celestiais, quão profunda será a corrente de comunhão na qual sua alma se banhará!

7 DE JULHO

"Para que ele possa colocá-lo com príncipes." Salmos, 113:8

Nossos privilégios espirituais são da mais alta ordem. "Entre os príncipes" é o lugar da sociedade seleta. "Verdadeiramente a nossa comunhão é com o Pai e com seu Filho Jesus Cristo". "Somos uma geração eleita, um povo peculiar, um sacerdócio real". Um príncipe do império do céu tem grande influência: ele empunha um cetro em seu domínio; ele se senta no trono de Jesus, pois "Ele nos fez reis e sacerdotes para Deus, e reinaremos para todo o sempre". Compartilhamos a honra de Cristo e a comunhão com Jesus é uma joia mais valiosa do que alguma vez brilhou no diadema imperial. A união com o Senhor é uma coroa de beleza que ofusca todo o brilho da pompa imperial.

8 DE JULHO

"Dando toda a diligência, acrescente à sua fé a virtude;
e à virtude o conhecimento." 2 Pedro, 1:5-6

Se você deseja desfrutar da graça da plena certeza da fé, faça o que as Escrituras lhe dizem: "Exerça diligência". Cuide para que sua fé seja do tipo certo, que não seja uma mera crença em doutrina, mas uma fé simples, dependendo de Cristo. Adicione ao seu conhecimento a temperança de lábios, vida, coração e pensamento. Acrescente a isso, pelo Espírito Santo de Deus, a paciência que suporta a aflição, que, quando testada, resultará como ouro. Quando essa graça for conquistada, olhe para a piedade, que é mais do que religião. Faça da glória de Deus o seu objetivo na vida, e a isso acrescente o amor fraternal.

9 DE JULHO

"São eles israelitas? Eu também o sou." 2 Coríntios, 11:22

O apóstolo sabia que sua reivindicação era indiscutível, mas há pessoas que, mesmo sem direito a esse título, afirmam pertencer ao Israel de Deus. Se declarar com confiança: "Eu também sou israelita", diga isso somente depois de ter examinado seu coração na presença do Senhor. Se realmente segue a Jesus, se puder dizer de coração: "Confio nele totalmente, agora e para sempre", então a posição que os santos de Deus ocupam pertence também a você, mesmo que seja o menor em Israel. Poderá apresentar seu argumento e dizer: "Eles são israelitas? Eu também sou. Portanto, as promessas, a graça e a glória serão minhas". Mas essa reivindicação não tem apenas prazeres e privilégios, mas também condições e deveres.

10 DE JULHO

"Excedendo grandes e preciosas promessas." 2 Pedro, 1:4

Se você deseja experimentar a preciosidade das promessas, medite muito sobre elas. Há promessas que são como uvas no lagar, se você pisar neles, o suco fluirá, o benefício que você está buscando virá até você. Muitos cristãos encontraram o favor que Jesus garantiu enquanto consideravam o registro divino. Fale assim com a sua alma: "Ele é um Deus imutável. Ele não alterou o que saiu de Sua boca, é o Deus que fez os céus e a Terra. Ele sabe quando é melhor dar e quando é melhor reter. Ele é um Deus verdadeiro, poderoso, sábio, e eu devo acreditar nas Suas promessas". Se você meditar assim nas promessas e considerar o Prometedor, experimentará a doçura do cumprimento das promessas divinas.

11-13 JULHO

11 DE JULHO

"Seja zeloso." Apocalipse, 3:19

Se você quiser ver almas convertidas, se quiser ouvir o grito de que "os reinos deste mundo se tornaram os reinos de nosso Senhor", encha-se de zelo. Toda graça fará proezas. Prudência, conhecimento, paciência e coragem seguirão se o zelo liderar o caminho. Não é seu conhecimento, embora seja útil, tampouco seu talento, embora não deva ser desprezado, mas sim seu zelo que fará grandes proezas. Esse zelo é o fruto do Espírito Santo. Um profundo senso de gratidão alimentará o zelo cristão, que sente o tempo curto para o trabalho a ser feito e, portanto, dedica tudo à causa de seu Senhor, que estava vestido de zelo como de um manto. Vamos provar que somos Seus discípulos manifestando o mesmo espírito de zelo.

12 DE JULHO

"Quem intentará acusação contra os eleitos de Deus?" Romanos, 8:33

Desafio mais abençoado! Cada pecado dos eleitos foi colocado sobre o Salvador, e pela expiação levado embora, fomos justificados em Cristo para sempre. O crente pode ser castigado por seu Pai, mas Deus, o Juiz, não tem nada a dizer ao cristão, exceto "Eu te absolvi: você está absolvido". O cristão está completamente livre de todo o castigo e também da culpa do pecado, um inimigo vencido para toda alma em união com Jesus. Não há pecado que um cristão não possa vencer se apenas confiar em seu Deus. Nenhuma luxúria é muito poderosa, nenhum pecado que assedia está fortemente arraigado, porque podemos vencer através do poder de Cristo, que o crucificou, "pregando-o na sua cruz".

13 DE JULHO

"Examine as Escrituras." João, 5:39

Essas palavras significam uma busca atenta como a que as pessoas fazem quando procuram ouro. Não se contente com uma leitura superficial de um ou dois capítulos, mas examine as Escrituras, pois grande parte só pode ser aprendida com um estudo cuidadoso. Há leite para os bebês, mas também carne para

14-15 JULHO

as pessoas fortes. Ninguém que apenas folheie o livro de Deus pode lucrar. Por isso, você deve cavar e minerar até obter o tesouro escondido. As Escrituras revelam Jesus: "São eles que testificam de mim". Nenhum motivo mais poderoso pode ser apresentado aos leitores da Bíblia do que este: quem encontra Jesus encontra a vida, o céu, todas as coisas. Feliz aquele que, examinando a sua Bíblia, descobre o seu Salvador.

14 DE JULHO

"Tudo o que o Pai me dá virá a mim." João, 6:37

Essa declaração envolve a doutrina da eleição: há alguns que o Pai deu a Cristo. Envolve a doutrina do chamado: aqueles que são dados serão tirados das trevas para a maravilhosa luz de Deus. Há necessidade indispensável da fé, pois mesmo aqueles que são dados a Cristo não são salvos a menos que venham a Jesus, o caminho para o céu. Jesus chama não por qualquer violação do livre arbítrio, mas porque sabe como, por meio de argumentos irresistíveis dirigidos ao entendimento, fazer pessoas cederem alegremente ao Seu governo. Mas, como serão conhecidos aqueles que Deus escolheu? Porque aceitam a Cristo de boa vontade, e vêm a Ele com fé simples e não fingida, descansando em toda Sua salvação e todo Seu consolo.

15 DE JULHO

"Santifica-os através da tua verdade." João, 17:17

A santificação começa na regeneração. O Espírito de Deus infunde no ser humano aquele princípio pelo qual ele se torna "uma nova criatura" em Cristo Jesus. Essa obra é realizada de duas maneiras: mortificação, pela qual as concupiscências da carne são subjugadas; e vivificação, pela qual a vida que Deus colocou dentro de nós se torna uma fonte de água que jorra eternamente. Assim, o cristão é preservado em um estado de graça, e abunda em boas obras para a glória de Deus. "Santifica-os", disse Jesus, "na tua verdade". Leia a palavra para crescer em santificação, pois é lâmpada para os seus pés e luz para o seu caminho, e ao se manter assim você será santificado pelo Espírito de Deus.

16-18 JULHO

16 DE JULHO

"Estou continuamente contigo." Salmos, 73:23

Continuamente diante dos olhos do Senhor, que nunca dormem, mas estão perpetuamente zelando pelo seu bem-estar. Continuamente em Sua mão, para que ninguém possa arrancar você de lá. Continuamente em Seu coração, como um memorial. Tu sempre pensas em mim, ó Deus. Tu estás sempre trabalhando para o meu bem. Tu me puseste como um selo no teu braço. Teu amor é forte, muitas águas não podem apagá-lo! Tu me vês em Cristo, e assim sou aceito em Tua presença. Estou, portanto, "continuamente contigo", um conforto para a alma aflita. Mesmo irritado com a tempestade interior, olhe para a calma exterior. "No entanto" – diga isso em seu coração e receba a paz que isso dá. "No entanto, estou continuamente contigo".

17 DE JULHO

"Aquele que vem a mim de maneira nenhuma o lançarei fora."
João, 6:37

Essa promessa não diz apenas: "Não expulsarei um pecador", mas: "De modo algum o expulsarei". O texto significa que Cristo não rejeitará um crente. Mas, suponha que o crente peque depois de vir. "Se alguém pecar, temos um Advogado junto ao Pai, Jesus Cristo, o justo". E se um crente retroceder? "Eu curarei a sua apostasia, o amarei livremente". Poderá cair em tentação? "Fiel é Deus, que não permitirá que sejais tentados acima do que podeis; mas com a tentação também abrirá um caminho de fuga, para que a possais suportar". O crente pode cair em pecado como Davi caiu? Sim, mas Deus irá "purificá-lo, e ele ficará limpo. Ele o lavará e ele será mais branco do que a neve".

18 DE JULHO

"E quando ele pensou nisso, ele chorou." Marcos, 14:72

Alguns pensam que, enquanto Pedro viveu, suas lágrimas fluíam sempre que ele se lembrava de ter negado seu Senhor. Essa mesma experiência é comum a um cristão redimido, como Pedro, lembra-se da orgulhosa promessa:

19-20 JULHO

"Embora todos os homens te abandonem, eu não o farei". Quando pensamos no que juramos que seríamos e no que temos sido, podemos chorar de tristeza. Podemos, quando somos lembrados de nossos pecados, permanecer impassíveis e teimosos, mas clamaremos ao Senhor por renovadas garantias de amor perdoador. Pensar que ofendemos um Senhor tão bondoso e bom é razão mais que suficiente para chorarmos constantemente. Senhor, golpeie nossos corações rochosos e faça as águas fluírem.

19 DE JULHO

"Nosso coração se alegrará n'Ele." Salmos, 33:21

Bem-aventurado o cristão capaz de se alegrar mesmo na angústia mais profunda. Embora problemas possam cercá-lo, ele ainda canta. As ondas podem rolar sobre ele, mas sua alma logo sobe à superfície e vê a luz do semblante de Deus. Ele mantém sua cabeça sempre acima da água e supera a tempestade: "Deus ainda está comigo". A quem será dada a glória? Oh! para Jesus. Ele está doente e sofrendo, mas Jesus o abraça e clama: "Não temas, amado". Ao se aproximar das fronteiras do infinito desconhecido com medo, Jesus diz: "Não temas, é do agrado de seu Pai dar-lhe o reino". Assim, fortalecido e consolado, o crente está até disposto a partir, pois verdadeiramente a presença de Jesus é todo o céu que deseja.

20 DE JULHO

"Aquele que é limpo de mãos e puro de coração; que não entrega a sua alma à vaidade, nem jura enganosamente." Salmos, 24:4

A santidade é uma graça muito preciosa. É lamentável que muitos crentes tenham pervertido a doutrina da justificação pela fé de tal maneira que tratam as boas obras com desprezo. Se suas mãos não estiverem limpas, lave-as no precioso sangue de Jesus. Mas, "mãos limpas" não serão suficientes, a menos que estejam ligadas a "um coração puro". A verdadeira religião é o trabalho do coração. Pode lavar o exterior do copo o quanto quiser, mas se o interior estiver sujo, estará imundo aos olhos de Deus, pois a vida do ser reside na natureza interior e, portanto, há necessidade de pureza interior. Os puros de coração verão a Deus.

21-23 JULHO

21 DE JULHO

"Confiai no Senhor para sempre; porque no Senhor Jeová está a força eterna." Isaías, 26:4

Vendo que há um Deus em quem confiar, descanse n'Ele, expulse toda a incredulidade e se esforce para se livrar das dúvidas e medos que tanto prejudicam seu conforto. Um pai amoroso ficaria profundamente triste se o filho não pudesse confiar nele, e assim é nossa conduta quando depositamos tão pouca confiança em nosso Pai celestial, que nunca nos falhou e que nunca falhará. Davi enfrentou o gigante Golias, e obteve a vitória. Longe de permitir que dúvidas vivam em seu coração. Já passou por muitas provações, mas nunca deixou de encontrar em Deus tudo o que precisava. Confie no Senhor para sempre, certo de que Sua força eterna será, como tem sido, seu socorro.

22 DE JULHO

"Chamados para serem santos." Romanos, 1:7

Temos muita tendência a considerar os apóstolos "santos" de uma maneira mais especial do que os outros filhos de Deus. Todos os que Deus chamou pela Sua graça são santificados pelo Seu Espírito. Paulo, por exemplo, foi mais fiel do que nós, mas ele teve provações mais difíceis de suportar. Em alguns aspectos, ele foi bem mais provado do que nós. Somos "chamados a ser santos" pela mesma voz que escolheu os apóstolos para sua elevada vocação, então vamos segui-los, imitar seu ardor e santidade. Eles viveram com Jesus, viveram para Jesus, portanto cresceram como Jesus. Vivamos pelo mesmo Espírito que eles viveram, "olhando para Jesus".

23 DE JULHO

"O que me der ouvidos habitará em segurança, e estará livre do temor do mal." Provérbios, 1:33

Quando os israelitas provocaram o Altíssimo pela sua contínua idolatria, Ele os puniu retendo a chuva, de modo que a sua terra foi visitada por uma terrível fome. Mas, enquanto fazia isso, Ele cuidava para que seus escolhidos estivessem seguros. Se todos os riachos estiverem secos, ainda haverá um reservado, e quando isso falhar, Deus preservará um lugar de sustento. Aconteça o que acontecer, o povo de Deus está seguro como na hora mais calma de descanso. Esteja confiante e não deixe que nenhuma agitação o perturbe, pois estará livre do temor do mal. Sua única preocupação deveria ser mostrar ao mundo a bem-aventurança de dar ouvidos à voz da sabedoria.

24 DE JULHO

"Quando passei por ti, disse-te: Viva." Ezequiel, 16:6

Observe que esse decreto de Deus é majestoso. Percebemos um pecador sem nada além do pecado, mas o Senhor passa em sua glória, olha, faz uma pausa e pronuncia a palavra solitária, mas real, "Viva". Nesse decreto, quando Ele diz "Viva", o pecador está pronto para ser condenado, mas o Todo-Poderoso o ressuscita perdoado e absolvido. É a vida espiritual, que inclui a vida gloriosa, isto é, a perfeição da vida espiritual. Quando os pecadores são salvos, é única e exclusivamente porque Deus quer magnificar Sua graça, não comprada. Cristão, mostre sua gratidão por meio de uma vida sincera e semelhante à de Cristo, e como Deus lhe ordenou que viva, cuide para que você viva com seriedade.

25 DE JULHO

"Irmãos, orem por nós." 1 Tessalonicenses, 5:25

Imploramos sinceramente a cada família cristã que atenda ao fervoroso pedido do texto proferido pela primeira vez por um apóstolo, e agora repetido por nós. Nosso trabalho é solenemente importante, envolvendo fazer o bem para milhares de pessoas, porque tratamos com almas para Deus em assuntos eternos. Assim, nossa palavra é um cheiro de vida. Em nossa vocação sagrada, muitas vezes tratamos com casos complicados, observamos retrocessos muito tristes e nossos corações ficam feridos. Desejamos ser úteis tanto para os santos como para os pecadores, por isso pedimos que intercedam por nós junto ao nosso Deus, para que possamos ser os vasos de barro nos quais o Senhor coloca o tesouro do Evangelho.

26-28 JULHO

26 DE JULHO

"Guia-me na tua verdade e ensina-me; porque tu és o Deus da minha salvação; em ti espero o dia todo." Salmos, 25:5

Quando o crente começa a andar no caminho do Senhor, ele pede para ser conduzido como uma criança pelos pais, e anseia por ser mais instruído na verdade. Davi sentiu sua ignorância e desejou estar na escola do Senhor. Seria bom para muitos crentes se, em vez de seguirem os próprios planos, seguissem os caminhos da verdade de Deus. É maravilhoso se dirigir ao Senhor com a confiança de Davi, o que dá grande poder na oração e conforto na provação: "Em ti espero o dia todo." Espere no Senhor alegremente, e não esperará em vão, todos os dias de sua vida. A fé será provada e, se for verdadeira, suportará provações contínuas sem ceder.

27 DE JULHO

"Concidadãos dos santos." Efésios, 2:19

O que significa ser cidadão no céu? Significa estar sob o governo de Cristo, o rei do céu, que reina em nossos corações. Sua oração diária é: "Seja feita a tua vontade, assim na terra como no céu". As proclamações emitidas do trono da glória são recebidas gratuitamente, e obedecemos alegremente aos decretos do Grande Rei. A glória que pertence aos santos nos pertence, pois também somos filhos de Deus. Temos Cristo como nosso irmão, Deus como nosso Pai e uma coroa de imortalidade como recompensa. "Coisas presentes ou coisas futuras", todas são nossas, pois, como cidadãos do céu, desfrutamos das suas delícias. Se, então, somos cidadãos do céu, que as nossas ações sejam coerentes com a nossa elevada dignidade.

28 DE JULHO

"Conte isso a seus filhos, e deixe seus filhos contarem a seus filhos, e seus filhos a outra geração." Joel, 1:3

Dessa forma simples, pela graça de Deus, um testemunho vivo da verdade deve ser sempre mantido. Os amados do Senhor devem transmitir seu testemunho a seus herdeiros, e esses aos seus descendentes. Os pagãos devem ser procurados por todos os meios, mas a prioridade é ensinar nossos filhos. Não podemos delegar isso a professores de escola dominical. A religião familiar é necessária para a igreja de Deus. É um dever agradável falar de Jesus aos nossos filhos e filhas, ainda mais porque é uma obra para Deus, que salva as crianças através das orações dos pais. Que cada casa onde esse costume entrar honre o Senhor e receba Sua benção.

29 DE JULHO

"E o Deus de toda a graça, que em Cristo Jesus nos chamou à sua eterna glória, depois de havemos padecido um pouco, ele mesmo vos aperfeiçoe, confirme, fortifique e estabeleça." 1 Pedro, 5:10

Você já viu o arco-íris enquanto ele atravessa a planície? É um espetáculo glorioso feito de raios de sol transitórios e gotas de chuva passageiras. As graças do caráter cristão não devem assemelhar-se ao arco-íris em sua beleza transitória. Pelo contrário, devem ser estabelecidas. Procure, ó crente, que sua fé não seja "uma visão", mas sim capaz de suportar o fogo. Que você esteja enraizado e alicerçado no amor. Não recue diante dos ventos tempestuosos da provação, mas console-se, acreditando que, por meio da disciplina, Deus está dando uma bênção para você.

30 DE JULHO

"Seu reino celestial." 2 Timóteo, 4:18

A cidade do grande Rei é onde os espíritos resgatados O servem dia e noite. Jerusalém, a cidade dourada, é o lugar de comunhão com todo o povo de Deus. Sentar-nos-emos com Abraão, Isaque e Jacó, em comunhão eterna, com os eleitos, todos reinando com aquele que, por seu amor e seu braço potente, trouxe-nos para casa em segurança. Não cantaremos solos, mas em coro louvaremos nosso Rei. Sempre que, cristão, você alcançar uma vitória, após uma luta árdua, terá naquela hora uma antecipação da alegria que o aguarda quando o Senhor o glorificar, e será mais do que vencedor por meio daquele que o ama.

31 JULHO

A plena certeza da fé dá a segurança que será sua quando você for um cidadão da Jerusalém celestial.

31 DE JULHO

"Quando eu clamar a ti, então os meus inimigos voltarão: isto eu sei; porque Deus é por mim." Salmos, 56:9

É impossível para qualquer fala humana expressar o pleno significado desta encantadora frase: "Deus é por mim". Ele era "por nós" desde quando éramos rebeldes, ou não nos teria dado seu filho amado. Ele esteve "por nós" em muitas lutas. Como poderíamos ter permanecido ilesos até agora se Ele não tivesse sido "por nós"? E porque Ele é "por nós", a voz da oração garantirá sempre a Sua ajuda. "Quando eu clamar a ti, meus inimigos retrocederão". Essa é uma garantia bem fundamentada. Direcionarei minha oração a Ti e procurarei a resposta, certo de que ela virá e que meus inimigos serão derrotados, "porque Deus é por mim".

Recolhamos consolações também do futuro. Se, como o apóstolo realmente diz: "Nenhuma correção no momento parece ser motivo de alegria, mas sim de tristeza", lembre-se de como ele continua dizendo: "No entanto, depois produz o fruto pacífico da justiça para aqueles que são exercidos por ela". O apóstolo Tiago nos diz que "o lavrador espera o precioso fruto da terra e espera por ele de longa data, até receber as primeiras e as últimas chuvas". O cristão vive na esperança e se regozija na colheita futura, invocando a promessa: "Aquele que sai e chora, trazendo a preciosa semente, sem dúvida voltará com alegria, trazendo consigo os seus molhos". Se você é um crente no Senhor Jesus Cristo, lembre-se de como Jó em pouco tempo passou a ter o dobro de tudo o que possuía antes, de como recuperou toda a sua riqueza anterior, e de como teve novamente uma família sorridente ao seu redor.

01-03 AGOSTO

1º DE AGOSTO

"Quem faz todas as coisas segundo o conselho de sua própria vontade." Efésios, 1:11

Nossa crença na sabedoria de Deus pressupõe que Ele tenha um plano para a obra de salvação. Em cada osso, articulação e músculo, tendão, glândula e vaso sanguíneo, há a presença de Deus operando tudo de acordo com a sabedoria infinita. E estará Deus presente na criação, governando sobre tudo, e não na graça? Quem não sabe que nenhum pardal cai no chão sem o consentimento do Pai? Até os cabelos da sua cabeça estão todos contados. Deus vê cada um dos escolhidos, Ele tem um conhecimento claro de cada pedra que será colocada em seu espaço preparado. No final, será visto claramente que em cada vaso de misericórdia escolhido, o Senhor cumpriu Seu propósito.

2 DE AGOSTO

"Fique parado e veja a salvação do Senhor." Êxodo, 14:13

Essas palavras contêm a ordem de Deus ao crente quando enfrentar grandes dificuldades. A palavra do Mestre para ele é: "Fique parado". O desespero sussurra: "Desista de tudo", mas Deus quer que tenhamos coragem mesmo nos piores momentos, regozijando-nos em Seu amor e fidelidade. A precipitação clama: "Faça alguma coisa. Mexa-se!". A Fé não dá ouvidos nem ao desespero nem à precipitação, mas ouve Deus dizer: "Fique parado", e permanece imóvel como uma rocha, esperando novas ordens, aguardando com alegria e paciência a voz orientadora. Não demorará muito para que Deus lhe diga, tão claramente como Moisés disse ao povo de Israel: "Vá em frente".

3 DE AGOSTO

"Tu coroaste o ano com a tua bondade." Salmos, 65:11

Durante todo o ano, a cada hora de cada dia, Deus nos abençoa ricamente; tanto quando dormimos quanto quando acordamos, sua misericórdia espera por nós. Como um rio, Sua bondade está sempre fluindo, com uma plenitude inesgotável como a própria natureza. A benevolência de Deus tem suas horas

04-05 AGOSTO

douradas, dias de superabundância, colheita em uma época especial de favores. Felizes os ceifeiros que enchem os braços com a liberalidade do céu. O salmista nos diz que a colheita é a coroação do ano. Que nossos corações sejam aquecidos, que nossos espíritos se lembrem, meditem e pensem na bondade do Senhor. Então, vamos louvar e engrandecer Seu nome, de cuja generosidade flui toda essa bondade.

4 DE AGOSTO

"Sabemos que todas as coisas contribuem para o bem daqueles que amam a Deus." Romanos, 8:28

O crente sabe que Deus está sentado na popa do navio quando ele mais balança. Ele acredita que uma mão invisível está sempre no leme do mundo. Ele olha para as águas turbulentas e vê o espírito de Jesus pisando nas ondas, e ouve uma voz dizendo: "Sou eu, não tenha medo". Ele pode dizer: "Todas as coisas contribuem para o bem daqueles que amam a Deus". E assim, acreditando que Deus governa tudo com sabedoria, seu coração fica seguro e ele é capaz de enfrentar cada provação que surgir, e com espírito de verdadeira resignação pode orar: "Envia-me o que quiseres, meu Deus, desde que venha de ti; nunca veio uma porção ruim da tua mesa para nenhum de teus filhos".

5 DE AGOSTO

"Que toda a Terra se encha da sua glória." Salmos, 72:19

Interceder por uma cidade inteira exige muita fé, e há momentos em que a oração de uma só pessoa é suficiente. Quão abrangente foi a intercessão do salmista! Que sublime! "Que toda a Terra se encha da sua glória". Não exclui uma única nação, por mais bárbara que seja, para todos, abrange todo o planeta e não omite nenhum filho de Adão. A petição não é feita com um coração sincero, a menos que nos esforcemos, como Deus nos ajudará, para ampliar o reino de nosso Mestre. Você pode se curvar diante do Crucificado em homenagem amorosa a seu Monarca, mas sua piedade não vale nada, a menos que o leve a desejar que a mesma misericórdia que foi estendida a você possa abençoar o mundo inteiro.

06-08 AGOSTO

6 DE AGOSTO

"Os retos te amam." Cântico dos Cânticos, 1:4

Os crentes amam a Jesus com um afeto mais profundo do que ousam dar a qualquer outro ser. Eles seguram todos os confortos terrenos com mão solta, mas carregam o Mestre firmemente trancado em seu peito. Está escrito, e nada pode apagar a frase: "Os retos te amam". A intensidade do amor dos justos, porém, não deve ser julgada pelo que parece, mas sim pelo que os justos desejam. Infelizmente, nosso maior alcance é apenas um palmo de amor, e nossa afeição é apenas uma gota d'água em comparação com os méritos do Senhor. Oh, se pudéssemos dar todo o amor de todos os corações em um grande culto, uma reunião de todos os amores Àquele que é totalmente adorável!

7 DE AGOSTO

"Todas as coisas são possíveis para quem crê." Marcos, 9:23

Muitos cristãos estão sempre duvidando, e pensam que esse é o estado dos crentes. Isto é um erro, pois "todas as coisas são possíveis ao que crê". Quando você lê sobre as elevadas e doces comunhões desfrutadas pelos santos, você suspira do seu coração: "Ai de mim! Se eu tiver apenas fé". Você ouve falar de façanhas que santos fizeram por Jesus, de como eles foram capazes de suportar grandes perseguições por causa d'Ele, e diz: "Ah! Quanto a mim, sou apenas um verme; nunca poderei alcançar isso". Mas não há nada que um santo tenha sido, que você não possa ser. O trono dourado está esperando por você! A coroa da comunhão com Jesus está pronta para enfeitar sua cabeça, basta apenas acreditar.

8 DE AGOSTO

"O Filho do Homem tem poder na terra para perdoar pecados." Mateus, 9:6

Eis uma das habilidades mais poderosas do grande Médico: Ele tem poder para perdoar pecados! Enquanto Jesus viveu aqui, tinha poder para perdoar pecados. Ele não tem poder para fazer isso agora que morreu? Ele tem poder ilimitado agora que acabou com a transgressão. "Ele é exaltado nas

09-10 AGOSTO

alturas para dar arrependimento e remissão dos pecados". Neste momento, qualquer que seja a sua pecaminosidade, Cristo tem poder para perdoar. Ele pode soprar em sua alma, neste exato momento, uma paz com Deus que excede todo o entendimento, que brotará da perfeita remissão de suas iniquidades. Você acredita nisso? Que você experimente agora o poder de Jesus para perdoar pecados!

9 DE AGOSTO

"Cristo, que é a nossa vida." Colossenses, 3:4

A expressão maravilhosa de Paulo indica que Cristo é a fonte da nossa vida. "Você vivificou aqueles que estavam mortos em ofensas e pecados". Aquela mesma voz que tirou Lázaro do túmulo nos deu uma nova vida. Ele está em nós, a esperança da glória, a fonte de nossas ações, o pensamento central que move todos os outros pensamentos. Cristo é o sustento, o conforto, todas as nossas verdadeiras alegrias vêm de Jesus, e em tempos difíceis Sua presença é nossa consolação. Assim como o navio acelera em direção ao porto, o crente se apressa em direção ao refúgio de seu Salvador. Se vivermos em estreita comunhão com Jesus, cresceremos como Ele. Devemos seguir seus passos, até recebermos a coroa em glória.

10 DE AGOSTO

"Consolo eterno." 2 Tessalonicenses, 2:16

"Consolação", há música nessa palavra. Jesus é a "Consolação eterna". O que é esse "consolo eterno"? Inclui uma sensação de pecado perdoado. O cristão recebe em seu coração o testemunho do Espírito de que suas transgressões estão dissipadas como uma nuvem espessa. Se o pecado for perdoado, isso não é um consolo eterno? A união com o Senhor ressuscitado é uma consolação, de fato, eterna. Nossos ouvidos não ouviram muitas vezes as canções dos santos enquanto eles se regozijavam porque o amor vivo de Deus foi derramado em seus corações nos momentos finais? Deus prometeu salvar aqueles que confiam em Cristo. O cristão confia em Cristo e acredita que Deus cumprirá Sua palavra e o salvará.

11-13 AGOSTO

11 DE AGOSTO

"Ah! quem me dera ser como eu fui nos meses passados, como nos dias em que Deus me guardava!" Jó, 29:2

Muitos cristãos olham para os dias que passaram em comunhão com o Senhor, lembrando-se deles como os melhores, eles viviam perto de Jesus, mas agora sentem que se afastaram. Eles reclamam que não têm paz de espírito, ou não têm prazer na graça. A causa desse triste estado pode ser uma negligência na oração, ou ser o coração ocupado com outra coisa mais do que com Deus. Cristão, se você não está agora como "era nos meses anteriores", vá imediatamente procurar seu Mestre e conte-lhe seu triste estado. Peça a Sua graça para ajudá-lo a caminhar mais próximo d'Ele, e Ele lhe dará novamente a oportunidade de desfrutar a luz de seu semblante.

12 DE AGOSTO

"O Senhor é o meu pastor, nada me faltará." Salmos, 23:1

Ninguém tem o direito de considerar a si mesmo ovelha do Senhor, a menos que sua natureza tenha sido renovada. Davi disse que pertencemos ao Senhor. Há um tom nobre de confiança nesta frase em que o salmista diz: "O Senhor é meu pastor". Devemos cultivar o espírito de dependência segura de nosso Pai celestial. Ele não diz: "O Senhor conduz a multidão como seu rebanho", mas sim "O Senhor é meu pastor". Se Ele não for um pastor para mais ninguém, é para mim, cuida de mim e me preserva. Meu pastor supre minhas necessidades, pois Seu coração está cheio de amor e, assim, "nada me faltará". Eu sei que Sua graça será suficiente. Descansando n'Ele ouvirei: "Como o teu dia, assim será a tua força".

13 DE AGOSTO

"Tu, Senhor, me alegraste com o teu trabalho." Salmos, 92:4

Se você está salvo, feliz, seja grato e amoroso. Agarre-se àquela cruz que tirou o seu pecado, e sirva a Jesus. "Rogo-vos, pela misericórdia de Deus, que apresenteis vossos corpos em sacrifício vivo, santo e agradável a Deus".

14-15
AGOSTO

Mostre seu amor, ame aos irmãos daquele que te amou. Se em algum lugar houver um pobre crente provado, chore com ele e carregue sua cruz por causa daquele que chorou por você e carregou seus pecados. Já que você foi perdoado gratuitamente por causa de Cristo, vá e conte aos outros a alegre notícia da misericórdia perdoadora. Lembre-se, porém, de que a santidade é o mais enérgico dos sermões, mas o Senhor deve dá-la a você. Busque-O antes de sair de casa.

14 DE AGOSTO

"Nós também, que temos as primícias do Espírito." Romanos, 8:23

Fomos feitos "novas criaturas em Cristo Jesus" pela operação eficaz de Deus, o Espírito Santo. Isso é chamado de "primícias" porque vem primeiro. Quando Deus nos dá coisas que são puras, amáveis e de boa fama, como obra do Espírito Santo, elas são para nós os prognósticos da glória vindoura. As primícias sempre foram sagradas para o Senhor, e nossa nova natureza é consagrada. Devemos ter fome e sede de justiça, e ansiar pelo dia da redenção completa. Deixe que o benefício que você possui desperte em você um desejo por mais graça, por graus mais elevados de consagração, e seu Senhor os concederá a você, pois Ele é capaz de fazer muito mais do que pedimos ou mesmo pensamos.

15 DE AGOSTO

"Dê ao Senhor a glória devida ao seu nome." Salmos, 29:2

Deus é glorioso, d'Ele provém tudo o que é santo, bom e amável. Embora Ele pretenda que Suas ações manifestem às suas criaturas sua bondade, misericórdia e justiça, Ele deseja que a glória seja dada apenas a Ele. Uma das lutas mais difíceis da vida cristã é aprender esta frase: "Não a nós, mas ao teu nome seja a glória". Às vezes, Deus nos ensina por meio de uma disciplina dolorosa, basta um cristão começar a se gabar: "Posso todas as coisas", sem acrescentar "através de Cristo que me fortalece", e em pouco tempo ele dirá: "Não posso fazer nada", e lamentar-se. Coloque-se a Seus pés e exclame: "Não eu, mas a graça de Deus que está comigo!".

16-18 AGOSTO

16 DE AGOSTO

"Esta doença não é mortal." João, 11:4

Em todas as doenças, o Senhor diz às ondas de dor: "Até aqui ireis, mas não mais". Seu propósito fixo não é a destruição, mas a instrução de seu povo. Deus limitou o tempo, a maneira, a intensidade e os efeitos de todas as doenças. Cada pulsação é decretada, cada recaída é ordenada, cada depressão de espírito é conhecida de antemão e cada cura é eternamente proposta. Nada grande ou pequeno escapa à mão do Senhor, que conta os cabelos da nossa cabeça. O limite é sabiamente ajustado às nossas forças, ao fim pretendido e à graça concedida. A aflição não surge ao acaso – o peso de cada golpe da vara é medido com precisão. Não podemos sofrer muito nem ser aliviados tarde demais.

17 DE AGOSTO

"A misericórdia de Deus." Salmos, 52:8

Medite um pouco sobre a misericórdia do Senhor. É terna misericórdia. Com toque gentil e amoroso, Ele cura os quebrantados de coração e suas feridas. Não há nada pequeno em Deus, e Sua misericórdia é como Ele mesmo, infinita. Sua misericórdia é tão grande que perdoa grandes pecados e pecadores, e então concede grandes favores e privilégios, e nos eleva a sentir prazeres no grande céu. É misericórdia imerecida, como de fato toda misericórdia verdadeira deve ser, pois misericórdia merecida é apenas um nome impróprio para justiça. A misericórdia estará com você na tentação para impedi-lo de ceder, quando estiver em apuros, para evitar que você afunde, para ser a luz e a vida do teu semblante, seu conforto terreno.

18 DE AGOSTO

"Tire-me da rede que eles armaram secretamente para mim: pois tu és a minha força." Salmos, 31:4

Nossos inimigos espirituais procuram nos enredar com sutileza. A oração do salmista supõe a possibilidade de o crente ser apanhado como um pássaro. O texto pede que o cativo seja libertado, uma petição que pode ser atendida,

19-20 AGOSTO

pois o amor eterno resgata. O Senhor está à altura de todas as emergências, e as redes mais habilmente colocadas nunca serão capazes de segurar Seus escolhidos: "Pois tu és a minha força". Você suportará os sofrimentos apegando-se à força celestial. Sua força é de pouca utilidade, mas a força do Senhor está sempre disponível, basta invocá-lo. Dependa unicamente da força do poderoso Deus, use sua confiança como uma súplica.

19 DE AGOSTO

"Ele permanecerá e se alimentará na força do Senhor." Miquéias, 5:4

O reinado de Cristo na sua Igreja é o de um rei-pastor. Ele tem a supremacia, mas é a superioridade de um pastor sábio e terno sobre o Seu rebanho necessitado e amoroso. Ele ordena e recebe obediência, mas é a obediência voluntária das ovelhas bem cuidadas, cuja voz eles conhecem tão bem. É dito: "Ele permanecerá e se alimentará". O Senhor está empenhado em prover ao seu povo. A palavra "alimentar" significa pastorear: guiar, vigiar, preservar, restaurar, cuidar, bem como alimentar. É dito: "Ele permanecerá e se alimentará", e não "Ele se alimentará de vez em quando". Seus olhos nunca dormem e Suas mãos nunca descansam, e Seus ombros nunca se cansam de carregar os fardos de Seu povo.

20 DE AGOSTO

"Aquele que rega também será regado." Provérbios, 11:25

Aprendemos aqui a grande lição: para obter, devemos dar, para acumular é preciso espalhar, e para nos tornarmos felizes, devemos fazer os outros felizes. Ao regar os outros, nós mesmos somos regados. Temos talentos latentes e faculdades adormecidas, que são trazidas à luz pelo exercício. Nossa força para o trabalho fica escondida até tentarmos enxugar as lágrimas da viúva e acalmar a dor do órfão. Descobrimos que, ao ensinar as Escrituras aos outros, obtemos instrução para nós mesmos. Em nossa conversa com os pobres, aprendemos o caminho de Deus de maneira mais perfeita para nós mesmos e obtemos uma visão mais profunda da verdade divina. Dê, e será dado a você em medida transbordante.

21 DE AGOSTO

"As riquezas insondáveis de Cristo." Efésios, 3:8

O Mestre possui riquezas que vão além da medida da razão, do sonho da imaginação ou da eloquência das palavras. Elas são insondáveis! Você pode olhar, estudar e verificar, mas Jesus é um Salvador bem maior do que você pensa. O Senhor está mais pronto para perdoar do que você para pecar, mais capaz de perdoar do que você para transgredir. Jesus tem riquezas de felicidade para conceder a você agora. Ele pode fazer você se deitar em pastos verdejantes e levá-lo ao lado de águas tranquilas. Conhecer a Cristo é vida. Ele não trata seus servos com grosseria, mas dá a eles como um rei dá a um rei, e lhes dá dois céus, um céu abaixo, ao servi-Lo aqui, e outro céu acima, para você se deleitar para sempre.

22 DE AGOSTO

"A voz do choro não será mais ouvida." Isaías, 65:19

Os glorificados não choram mais, pois todas as causas de tristeza desapareceram. Não há amizades desfeitas nem perspectivas frustradas no céu. Pobreza, fome, perigo, perseguição e calúnia não existem lá. Nenhuma dor aflige, nenhum pensamento de morte ou luto entristece. Eles não choram mais, pois estão perfeitamente santificados. Eles não choram mais, porque todo o medo da mudança já passou. Eles sabem que estão eternamente seguros. O pecado é excluído e eles habitam em uma cidade que nunca será invadida, bebem de um rio que nunca secará, e colhem frutos de uma árvore que nunca murchará. Eles estão para sempre com o Senhor. Eles não choram mais, porque todo desejo é satisfeito. "Portanto, consolem-se uns aos outros com essas palavras".

23 DE AGOSTO

"Para que Cristo habite em seus corações pela fé." Efésios, 3:17

É desejável que os crentes inflamem o amor por Jesus. Mas, para ter Jesus sempre perto, o coração deve estar transbordando com o Seu amor, como o apóstolo ora: "Para que Cristo habite em seus corações", e não que possa visitá-

24-25 AGOSTO

lo às vezes, como alguém que entra em uma casa e passa uma noite, mas para que Jesus se torne o Inquilino do mais íntimo do seu ser, para nunca mais sair. Anseie por um duradouro amor a Cristo, não um amor que arde e, depois, vira só algumas brasas, mas uma chama constante, que nunca se apaga. A fé deve ser forte, ou o amor não será fervoroso, a raiz deve ser saudável, ou não podemos esperar que surja a flor.

24 DE AGOSTO

"Se você crê de todo o coração, você pode." Atos, 8:37

Jesus lhe deu liberdade, não tenha medo. Quando o Espírito Santo lhe permitir sentir o espírito de adoção, você poderá aceitar as ordenanças cristãs sem medo. Você pensa que não lhe é permitido regozijar-se com alegria indescritível e cheia de glória, mas se você tiver permissão para entrar pela porta de Cristo ou sentar-se na Sua mesa, você ficará bem satisfeito. Deus não faz diferença em Seu amor por Seus filhos. Quando Jesus entra no coração, Ele emite uma licença geral para nos alegrarmos. Nossa admissão a plenos privilégios pode ser gradual, mas é certa. "Se você crê de todo o coração, você pode". Solte as correntes do seu pescoço, pois Jesus o libertou.

25 DE AGOSTO

"Ele ordenou sua aliança para sempre." Salmos, 111:9

É uma fonte inesgotável de consolação para o povo do Senhor sempre que o Espírito Santo os lembra de que os interesses dos santos foram assegurados em Cristo Jesus. É peculiarmente agradável para eles lembrarem-se da certeza da aliança, enquanto meditam nas "fiéis misericórdias de Davi". Deus é sua porção, Cristo seu companheiro, o Espírito seu Consolador, a terra sua pousada e o céu seu lar. Mais especialmente, é um prazer para o povo de Deus contemplar a graça da aliança em que a lei foi anulada e a graça é a condição, o fundamento, a pedra angular. A aliança é um tesouro de riqueza, um celeiro de alimentos, uma fonte de vida, um depósito de salvação, uma carta de paz.

26-28 AGOSTO

26 DE AGOSTO

"Nas tuas mãos entrego o meu espírito: tu me redimiste, ó Senhor Deus da verdade." Salmos, 31:5

Essas palavras têm sido frequentemente usadas por santos na hora da partida. O crente entrega sua alma nas mãos de seu Deus, é d'Ele, Ele é capaz de mantê-lo e é mais adequado que Ele o receba. Todas as coisas estão seguras nas mãos do Senhor. É maravilhoso repousar aos cuidados do céu. Em todos os momentos devemos entregar tudo à mão fiel de Jesus, embora a vida possa estar por um fio e as adversidades possam se multiplicar. Nossa alma habitará em paz e se deleitará em lugares tranquilos de descanso, pois a redenção é uma base sólida. O que o Senhor fez, fará novamente, pois Ele não muda, é fiel às Suas promessas e não se afastará do Seu povo.

27 DE AGOSTO

"Tem piedade de mim, ó Deus." Salmos, 51:1

Somente na base da graça o mais experiente e mais honrado dos santos pode se aproximar de Deus. Os melhores estão conscientes, acima de todos os outros, de que meros crentes podem se orgulhar, mas os verdadeiros filhos de Deus clamam por misericórdia para sua inutilidade. Precisamos que o Senhor tenha misericórdia de nossas obras, de nossas orações, de nossas pregações, de nossas esmolas e de nossas coisas mais sagradas, porque, à medida que o pecado se intromete nas coisas mais sagradas, o sangue de Jesus precisa purificá-las da contaminação. Quão doce é a lembrança de que a misericórdia inesgotável está esperando para restaurar nossos retrocessos e fazer que nossos ossos quebrados se regozijem!

28 DE AGOSTO

"Espere no Senhor." Salmos, 27:14

Pode parecer fácil esperar, mas é uma das posturas que um cristão só aprende com anos de ensino. Há horas de perplexidade em que o espírito mais disposto de servir ao Senhor não sabe o que fazer. Espere em oração. Invoque a

29-30 AGOSTO

Deus e conte-lhe sua dificuldade, implore Sua promessa de ajuda. Acredite que, mesmo se Ele o deixar esperando, Ele virá na hora certa. Espere com calma e paciência, não se rebelando porque está sob aflição, mas abençoando seu Deus por isso. Com todo o seu coração, diga: "Senhor, não seja feita a minha vontade, mas a tua. Meu coração está fixo somente em ti, ó Deus, e meu espírito espera por ti na plena convicção de que tu ainda serás minha alegria, minha salvação e meu refúgio".

29 DE AGOSTO

"Se andarmos na luz, como ele está na luz." 1 João, 1:7

Seremos algum dia capazes de andar tão claramente na luz como aquele a quem chamamos de "Pai Nosso", de quem está escrito: "Deus é luz, e n'Ele não há treva alguma"? Esse é o modelo que nos é apresentado, pois o Salvador disse: "Sede vós perfeitos, como é perfeito o vosso Pai que está nos céus". Embora possamos sentir que nunca poderemos alcançar a perfeição de Deus, devemos buscá-la, e nunca ficar satisfeitos até que a alcancemos. Devemos ter a mesma luz, e andar nela tão verdadeiramente quanto Deus, porém, quanto à igualdade com Deus em sua santidade e pureza, isso ocorrerá ao entrarmos na perfeição do Altíssimo, quando estivermos na comunhão sagrada e na purificação perfeita.

30 DE AGOSTO

"No meu braço eles confiarão." Isaías, 51:5

Em épocas de provação severa, o cristão não tem nada na Terra em que possa confiar e, portanto, é compelido a apoiar-se somente em seu Deus. Às vezes, quando estamos tão sem amigos, tão desamparados e não temos para onde ir, voamos para os braços do Pai. Quando estamos com problemas e não podemos contá-los a ninguém além de Deus, aprendemos mais do Senhor do que em qualquer outro momento. Oh, crente agitado pela tempestade, você só pode confiar em seu Deus, certifique-se de colocar toda a sua confiança n'Ele. Seja forte e muito corajoso, e o Senhor seu Deus, tão certo quanto construiu os céus e a Terra, magnificará Seu poder em meio a sua angústia. Que o Espírito Santo lhe dê descanso em Jesus.

31 DE AGOSTO

"Tu me guiarás com o teu conselho e, depois, me receberás na glória." Salmos, 73:24

O salmista sentiu necessidade de orientação divina. Ele acabara de descobrir a tolice de seu coração e, para não ser constantemente desencaminhado por ela, decidiu que o conselho de Deus deveria orientá-lo dali em diante. Há uma palavra para você: tenha certeza de que seu Deus é seu conselheiro e amigo, que Ele dirigirá todos os seus caminhos. A Sagrada Escritura é Seu conselho. Felizes somos por ter sempre a Palavra de Deus para nos guiar! O que seria dos cristãos sem a Bíblia? É o mapa infalível, no qual o caminho até o porto da salvação está mapeado por quem o conhece. Bendito sejas tu, ó Deus! Podemos confiar em Ti para nos guiar agora e até o fim!

E além do lapso de tempo e de um intervalo de descanso e calma, provavelmente Deus tenha reservado para você algumas grandes misericórdias. Quando o Senhor o receber na glória, você será como os que sonham, acordará, e verá que o sonho acabou. Assim será com sua tristeza. Pela bondade de Deus, você parecerá acordar de repente de um sonho sombrio, e então começará a rir, e logo sua boca se encherá de risadas. Você quase desprezará sua antiga depressão de espírito; e quando você vir a abundante misericórdia de Deus para com você, toda a sua miséria parecerá uma visão da noite, irreal. Você não estaria chorando, mas rindo, se soubesse o que Deus tem reservado para você, e cada crente poderia muito bem dizer: "Não serei abatido pelas provações do presente, mas meu espírito se alegrará em Deus, que faz por mim o que olhos não viram, nem ouvidos ouviram, e o que meu coração nunca concebeu".

01-03 SETEMBRO

1º DE SETEMBRO

"Confie n'Ele em todos os momentos." Salmos, 62:8

Somente quando aprendermos a confiar em Deus para suprir todas as nossas necessidades diárias é que viveremos acima do mundo. Não devemos ser imprudentes ou precipitados, mas sim confiar no Deus vivo. Sirva a Deus com integridade, pois aquele que confia no Senhor é como um navio que corta as ondas, desafia o vento e segue um caminho direto e brilhante até o porto destinado. Caminhe com passos firmes, na força que somente a confiança em Deus pode conferir. Assim você será libertado de ansiedade, não será perturbado por más notícias, seu coração estará firme, confiando no Senhor. Não há maneira de viver mais abençoada do que uma vida de dependência de um Deus que cumpre a aliança.

2 DE SETEMBRO

"Jesus lhe disse: Se não virdes sinais e milagres, não crereis." João, 4:48

O desejo por maravilhas era um estado doentio das pessoas nos dias de nosso Senhor. Os milagres que Jesus nem sempre decidiu realizar, eles exigiam ansiosamente. Muitos hoje em dia querem ver sinais e maravilhas, ou não acreditarão. Por que ansiar por sinais e maravilhas? Não é o Evangelho o próprio sinal e maravilha? Não é uma maravilha que "Deus amou o mundo de tal maneira que deu o seu Filho unigênito, para que todo aquele que n'Ele crê não pereça"? Certamente estas preciosas palavras: "Quem quiser, venha e tome de graça da água da vida", bem como esta promessa: "Aquele que vem a mim, de maneira nenhuma o lançarei fora", são melhores do que sinais e maravilhas!

3 DE SETEMBRO

*"Mas a mãe da esposa de Simão estava com febre e logo
lhe contaram sobre ela." Marcos, 1:30*

A casa de Pedro provavelmente era a cabana de um pobre pescador, mas o Senhor entrou nela e operou um milagre. Deus está mais frequentemente em pequenas cabanas do que em palácios. A doença entrou na casa de Simão, a

04-05
SETEMBRO

febre em forma mortal prostrou sua sogra, mas o Salvador restaurou a mulher doente. Podemos não ter certeza de que o Senhor removerá imediatamente todas as doenças daqueles que amamos, mas podemos saber que a oração com fé pelos enfermos tem muito mais probabilidade de restaurar do que qualquer outra coisa no mundo. O terno coração de Jesus espera ouvir as nossas dores, vamos derramá-las nos Seus ouvidos pacientes.

4 DE SETEMBRO

"Tu a quem minha alma ama." Cântico dos Cânticos, 1:7

É bom poder, sem qualquer "se" ou "mas", dizer do Senhor Jesus: "Tu a quem minha alma ama". Muitos só podem dizer que esperam amar a Jesus, confiam que O amam, mas é apenas uma experiência superficial. Não devemos ficar satisfeitos com uma esperança superficial de que Jesus nos ama, e com uma simples confiança de que O amamos. Os santos antigos falavam de forma positiva e clara. "Eu sei em quem acreditei", disse Paulo. "Eu sei que meu Redentor vive", disse Jó. Obtenha um conhecimento positivo do seu amor por Jesus e não fique satisfeito até que possa falar do seu interesse nele como uma realidade, o que você garantiu ao receber o testemunho do Espírito Santo e Seu selo em sua alma pela fé.

5 DE SETEMBRO

"O Senhor prova os justos." Salmos, 11:5

Todos os eventos estão sob o controle de Deus, todas as provações de nossa vida. Até as nossas misericórdias, como as rosas, têm espinhos. Em todos os lugares estamos cercados de perigos. No entanto, nenhuma chuva cai sem permissão. As provações que vêm de Deus são enviadas para nos fortalecer e, ao mesmo tempo, mostrar o poder da graça divina. Você nunca teria possuído a preciosa fé que agora o sustenta se a prova de sua fé não tivesse passado pelo fogo. Você não seria uma árvore enraizada tão bem se o vento não tivesse balançado você de um lado para o outro e feito você se apegar firmemente às preciosas verdades da graça da aliança. Assim, é bom que o Senhor experimente os justos, pois isso os fortalece.

06-08 SETEMBRO

6 DE SETEMBRO

"Quero, sê limpo." Marcos, 1:41

A Redenção, assim como a Criação, tem sua palavra de poder. Jesus fala e pronto. A lepra não cedeu a nenhum remédio humano, mas fugiu imediatamente ao "eu quero" do Senhor. O pecador está numa situação mais miserável do que o leproso. Então, que imite seu exemplo e vá até Jesus, "suplicando-lhe e ajoelhando-se diante d'Ele", mesmo que só diga "Senhor, se quiseres, podes tornar-me limpo". Jesus cura todos os que vêm e não expulsa ninguém. Vá até Jesus, acreditando no poder de Seu toque gracioso. Aquela mão que multiplicou os pães, que sustenta os santos aflitos, que coroa os crentes, também tocará todo o que a procura, e em um momento o purificará. O amor de Jesus é a fonte da salvação. Ele nos toca, e vivemos.

7 DE SETEMBRO

"Se sois guiados pelo Espírito, não estais debaixo da lei." Gálatas, 5:18

Aquele que olha para o próprio caráter e posição de um ponto de vista legal, se desesperará quando chegar ao fim do seu cálculo, pois, se formos julgados com base na lei, nenhuma carne será justificada. Quão abençoado é saber que habitamos nos domínios da graça e não da lei! Não precisamos perguntar: "Estou naturalmente sem pecado?", mas: "Fui lavado na fonte que limpa o pecado e a impureza?". A promessa de Deus permanece segura e, quaisquer que sejam nossas dúvidas, o juramento e a promessa nunca falham. Ah! crente, é sempre mais seguro para você ser guiado pelo Espírito à liberdade do Evangelho do que usar grilhões legais.

8 DE SETEMBRO

"No meio de uma nação corrupta e perversa, entre a qual vocês brilham como luzes no mundo." Filipenses, 2:15

Um cristão deve brilhar tanto em sua vida, que uma pessoa não possa conviver com ele sem conhecer o Evangelho, que todos ao seu redor percebam claramente a quem serve, ver a imagem de Jesus refletida em suas ações diárias.

09-10 SETEMBRO

Ajude aqueles ao seu redor, apresentando-lhes a Palavra da vida, encaminhe os pecadores para o Salvador, e os cansados para um lugar de descanso divino. Às vezes, pessoas leem suas Bíblias e não conseguem entendê-las. Instrua-as sobre o significado da Palavra de Deus, o caminho da salvação. Seja um consolador, com palavras gentis nos lábios e simpatia no coração, espalhando a felicidade como uma luz no mundo.

9 DE SETEMBRO

"E, não podendo aproximar-se dele, por causa da multidão, descobriram o telhado onde estava, e, fazendo um buraco, baixaram o leito em que jazia o paralítico." Marcos, 2:4

A casa estava lotada, uma multidão bloqueava a porta, mas a fé encontrou um meio de chegar ao Senhor e colocar o paralítico diante d'Ele. Se não conseguirmos levar os pecadores até onde Jesus está por métodos comuns, devemos usar métodos extraordinários. Quando o caso for muito urgente, não devemos nos importar em correr alguns riscos. Jesus estava lá para curar e, portanto, a fé arriscou tudo para que o pobre paralisado pudesse ter seus pecados perdoados. Todos os meios são bons e decorosos quando a fé e o amor estão verdadeiramente empenhados em ganhar almas.

10 DE SETEMBRO

"A suprema grandeza do seu poder para nós, os que cremos, segundo seu poder, que ele operou em Cristo, quando o ressuscitou dentre os mortos." Efésios, 1:19-20

Na ressurreição de Cristo, como na nossa salvação, foi manifestado nada menos que um poder divino. Esse poder é manifestado no crente quando ele é ressuscitado para uma nova vida. Nenhum pecado pode deter a graça de Deus quando ela pretende converter uma pessoa. Foi um poder eterno "Cristo, sendo ressuscitado dentre os mortos". Assim, nós também não voltamos às nossas antigas corrupções, mas vivemos para Deus. "Assim como Cristo foi ressuscitado dentre os mortos pela glória do Pai, assim também nós devemos andar em novidade de vida". Que bênção ser vivificado por meio de Cristo!

11-13
SETEMBRO

11 DE SETEMBRO

"Eu te responderei e te mostrarei coisas grandes e poderosas que você não sabe." Jeremias, 33:3

Existem coisas reservadas e especiais na experiência cristã: sentimentos comuns de arrependimento, fé, alegria e esperança, mas há um reino superior de arrebatamento, de comunhão e de união consciente com Cristo. Não temos o grande privilégio de João de nos apoiarmos no seio de Jesus, tampouco de Paulo, para ser arrebatado ao terceiro céu, pois há alturas no conhecimento das coisas de Deus que o olho nunca viu. Somente Deus pode nos revelar pelas orações, que levam o cristão ao Carmelo e permitem que receba bênçãos de misericórdia. Se você deseja alcançar algo mais elevado do que a experiência normal, olhe com os olhos da fé através da janela da oração.

12 DE SETEMBRO

"E ele subiu ao monte e chamou quem ele quis; e eles foram até ele." Marcos, 3:13

Os impacientes podem ficar preocupados por não serem chamados aos lugares mais elevados do ministério, porque Jesus chama quem ele quer. Se Ele o deixar como porteiro em Sua casa, você deve se alegrar por poder fazer qualquer coisa a Seu serviço. O chamado dos servos de Cristo vem do alto. Jesus está na montanha, sempre acima do mundo em santidade, amor e poder. Aqueles a quem Ele chama devem subir a montanha até Ele. Jesus se separou para manter elevada comunhão com o Pai, e devemos entrar na mesma companhia divina se quisermos abençoar nossos semelhantes. Vá até Jesus, isso é essencial, até que possa dizer verdadeiramente: "Estive com Ele no Monte Santo".

13 DE SETEMBRO

"Guia-me, ó Senhor, na tua justiça por causa dos meus inimigos." Salmos, 5:8

Muito amarga é a inimizade do mundo contra o povo de Cristo. As pessoas perdoarão mil falhas nas outras, mas ampliarão a ofensa mais trivial dos seguidores de Jesus. Em vez de lamentar isso em vão, caminhe com muito cuidado diante de Deus. Eles gritarão triunfantemente. "Aha! Veja como esses cristãos agem! Eles são hipócritas". Assim, muitos danos serão causados à causa de Cristo, e muitos insultos serão oferecidos ao Seu nome. Cuide para não colocar pedras de tropeço onde já existem suficientes. Na presença de adversários que deturpam as nossas melhores ações quando não podem as censurar, quão cautelosos devemos ser! Ó Senhor, conduza-nos sempre!

14 DE SETEMBRO

"Separem-se." 2 Coríntios, 6:17

O cristão, enquanto estiver no mundo, não deve ser do mundo. Distinguir-se deve ser o grande objetivo de sua vida. Para ele, "viver" deve ser "Cristo". Quer coma, quer beba, quer faça qualquer coisa, deve fazer tudo para a glória de Deus. Você pode acumular tesouros, mas deposite-os no céu, onde nem a traça nem a ferrugem corrompem, e os ladrões não roubam. Você pode se esforçar para ser rico, mas seja rico em fé e em boas obras. Espere humildemente diante de Deus, sempre consciente de sua presença, e busque conhecer Sua vontade. Assim, provará estar separado do mundo. Caminhe de maneira digna de sua elevada vocação e dignidade. Lembre-se de que você é filho do Rei dos reis.

15 DE SETEMBRO

"Reconheci o meu pecado e não escondi minha iniquidade.
Eu disse: confessarei minhas transgressões ao Senhor;
e tu perdoaste meu pecado." Salmos, 32:5

A dor de Davi pelo pecado foi amarga, teve efeitos visíveis: "seus ossos envelheceram", até que ele fez uma confissão diante do trono da graça celestial. Ele resolveu retornar a seu Deus em humilde penitência, correu para o propiciatório e ali desenrolou o volume de suas iniquidades, reconhecendo todo o mal de seus caminhos, e recebeu imediatamente o perdão divino, e a bem-aventurança do homem cuja transgressão foi perdoada. Para uma confissão genuína, a misericórdia é dada gratuitamente. Bendito seja Deus! A fonte está sempre fluindo para nos purificar de nossos pecados, basta os reconhecermos.

16-18
SETEMBRO

16 DE SETEMBRO

"Havia também com ele outros barquinhos." Marcos, 4:36

Quando navegamos na companhia de Cristo, podemos não ter certeza de que o tempo estará bom, pois grandes tempestades podem sacudir o barco. Se formos com Jesus, e as ondas forem violentas, chegaremos à terra. Quando a tempestade atingiu o lago da Galileia, todos os corações temeram o naufrágio. Quando toda a ajuda foi inútil, o Salvador adormecido levantou-se e, com uma palavra, transformou a tempestade em calmaria. Que nossos corações façam de Jesus âncora, farol, salva-vidas e nosso porto. Sigamos sempre os sinais do Mestre e nunca temamos, mesmo num mar de tribulação. Os ventos e as ondas O obedecem e, portanto, a fé sentirá uma calma abençoada, regozijemo-nos n'Ele.

17 DE SETEMBRO

"A esperança que está reservada para você no céu." Colossenses, 1:5

A esperança em Cristo para o futuro animará nossos corações a pensar no céu, pois tudo o que podemos desejar está prometido lá. Aqui, estamos cansados e exaustos, mas na terra de descanso o suor do trabalho não mais manchará a testa do trabalhador e a fadiga será banida para sempre. Para aqueles que estão cansados e esgotados, a palavra "descanso" é cheia de céu. Desfrutaremos a vitória, quando a bandeira for hasteada em triunfo, e ouviremos nosso Senhor dizer: "Muito bem, servo bom e fiel". No entanto, não sonhe com o futuro a ponto de esquecer o presente. O céu é a esperança que nos dá vigor para o trabalho, uma fonte de alegria, pois aguardamos uma recompensa no mundo vindouro.

18 DE SETEMBRO

"Ele não terá medo de más notícias." Salmos, 112:7

Você não deve temer a chegada de más notícias, porque se você ficar angustiado com elas, o que você faz mais do que as outras pessoas? Elas não têm o seu Deus, nunca provaram Sua fidelidade como você, e não é de admirar que estejam intimidadas pelo medo. Confie no Senhor e espere pacientemente por

19-20 SETEMBRO

Ele. Sua atitude mais sábia é fazer como Moisés fez no Mar Vermelho: "Fique parado e veja a salvação de Deus". Pois se você ceder ao medo ao ouvir más notícias, não será capaz de enfrentar os problemas com aquela compostura calma que estimula o dever e o sustenta sob a adversidade. Tenha coragem e confie na fidelidade de Deus: "não se turbe o seu coração, nem se atemorize".

19 DE SETEMBRO

"Participantes da natureza divina." 2 Pedro, 1:4

Ser participante da natureza divina não significa tornar-se Deus. Entre a criatura e o Criador deve existir sempre um abismo no que diz respeito à essência, mas como o primeiro homem, Adão, foi feito à imagem de Deus, assim nós, pela renovação do Espírito Santo, num sentido ainda mais divino, somos feitos à imagem do Altíssimo e, assim, participantes da natureza divina. "Deus é amor", então nos tornamos amor, pois "Aquele que ama é nascido de Deus". Deus é bom e nos torna bons pela Sua graça, para que nos tornemos os puros de coração que verão a Deus. Somos um com Jesus, como o ramo é um com a videira, somos parte do Senhor, nosso Salvador e nosso Redentor!

20 DE SETEMBRO

"E eles me seguem." João, 10:27

Devemos seguir o Senhor sem hesitação, como as ovelhas seguem seu pastor. Não somos de nós mesmos, fomos comprados por um preço – reconheçamos que o servo obedece ao seu senhor. Não seremos fiéis à nossa profissão de sermos cristãos, se questionarmos as ordens do nosso Líder. O Senhor pode nos dizer, como a Pedro: "Siga-me", e aonde quer que Jesus nos leve, ele vai adiante de nós. Se não sabemos para onde vamos, sabemos com quem vamos. Com tal companheiro, quem temerá os perigos da estrada? A jornada pode ser longa, mas seus braços eternos nos levarão até o fim. A presença de Jesus é a garantia da salvação eterna, porque ele nos conduz à "cidade que tem alicerces, cujo arquiteto e construtor é Deus".

21-23
SETEMBRO

21 DE SETEMBRO

"Se vivemos no Espírito, andemos também no Espírito." Gálatas, 5:25

As duas coisas mais importantes em nossa religião são a vida e a caminhada de fé, pontos vitais para um cristão. Você nunca encontrará a verdadeira fé sem a verdadeira piedade, nunca descobrirá uma vida verdadeiramente santa sem ter como raiz uma fé viva na justiça de Cristo. Há alguns que cultivam a fé e esquecem a santidade, e acabam em condenação, pois sustentam a verdade na injustiça. Outros se esforçam pela santidade de vida, mas negam a fé, como os fariseus de antigamente, de quem o Mestre disse que eram "sepulcros caiados". Não busque uma vida santa sem fé, pois isso seria construir uma casa que não pode oferecer abrigo permanente, porque não tem alicerce sobre uma rocha.

22 DE SETEMBRO

"A liberdade com a qual Cristo nos libertou." Gálatas, 5:1

A "liberdade" nos torna livres. Note estes trechos escolhidos: "Quando você passar pelos rios, estarei com você". "Os montes desaparecerão e os outeiros serão removidos, mas a minha benignidade não se apartará de ti". As Escrituras são um tesouro inesgotável de reservas ilimitadas de graça. Quaisquer que sejam seus desejos, suas dificuldades ou vontades, não importa o quanto tenha pecado, pode pedir e esperar perdão. Você é livre para tudo o que está entesourado em Cristo, sabedoria, justiça, santificação e redenção. Oh, que "liberdade" é a sua! Liberdade da condenação, liberdade para as promessas, liberdade para o trono da graça e, finalmente, liberdade para entrar no céu!

23 DE SETEMBRO

"Porque naquilo que ele mesmo, sendo tentado, padeceu,
pode socorrer aos que são tentados." Hebreus, 2:18

É um pensamento comum, mas tem gosto de néctar para o coração cansado – Jesus ter sido tentado assim como você. É uma luta dura que você está travando, mas Jesus enfrentou o mesmo inimigo. Tenha bom ânimo, Cristo carregou o fardo, foi tentado, mas nunca pecou. Então, não é

24-25 SETEMBRO

necessário que você peque, pois Jesus era um homem, e se um homem suportou essas tentações e não pecou, você também pode cessar de pecar. Ainda há mais para encorajá-lo se refletir que Jesus, embora tentado, triunfou gloriosamente, e assim como venceu, o mesmo acontecerá com Seus seguidores, pois Jesus representa Seu povo. Nosso lugar de segurança é o seio do Salvador.

24 DE SETEMBRO

"Quando meu coração estiver sobrecarregado: conduza-me à Rocha que é mais alta do que eu." Salmos, 61:2

A maioria de nós sabe o que é ter o coração oprimido e jogado como uma embarcação dominada pela tempestade. Decepções e tristezas farão isso quando onda após onda passar sobre nós, e seremos como uma concha arremessada de um lado para outro. Bendito seja Deus, porque não ficamos sem consolo! Deus é o porto dos peregrinos desamparados. Sua misericórdia é superior aos nossos pecados, Seu amor é superior aos nossos pensamentos. Ele é uma rocha, pois não muda, e uma rocha alta, porque as tempestades que nos oprimem rolam bem abaixo, a Seus pés. Ó, Senhor, nosso Deus, pelo teu Espírito Santo, ensina-nos o caminho da fé, conduze-nos ao teu descanso.

25 DE SETEMBRO

"Aceito no amado." Efésios, 1:6

Que privilégio é nossa justificação diante de Deus. Mas o termo "aceitação" significa mais do que isso. Significa que somos objetos da complacência divina, ou melhor, do deleite divino. Quão maravilhoso é que nós, mortais, pecadores, sejamos objetos do amor divino! Alegre-se, então, crente, nisto: você é aceito "no Amado". Você olha para Cristo e vê que há tudo aceitável ali. Seus pecados o perturbam, mas Deus lançou seus pecados para trás, e você é aceito no Justo. Você tem de lutar contra a corrupção e contra a tentação, mas já é aceito naquele que venceu os poderes do mal. Conheça com plena segurança a sua posição gloriosa de ser aceito no céu "no Amado", e você ainda é aceito em Cristo aqui na Terra.

26-28 SETEMBRO

26 DE SETEMBRO

"Quem de Deus se tornou sabedoria para nós." 1 Coríntios, 1:30

Pessoas instruídas são capazes, mesmo quando convertidas, de olhar para a simplicidade da cruz de Cristo com um olhar pouco amoroso. Elas tendem a misturar filosofia com revelação, a se afastarem da simples verdade de Cristo ao inventarem uma doutrina mais intelectual. Qualquer que seja sua educação, se você for do Senhor, tenha certeza de que não encontrará descanso em filosofar sobre a divindade. Em Jesus está guardada toda a sabedoria e o conhecimento. Os verdadeiros herdeiros do céu devem retornar à realidade de que "Cristo veio ao mundo para salvar os pecadores". Jesus satisfaz o intelecto mais elevado quando é recebido com fé. "O temor do Senhor é o princípio do conhecimento".

27 DE SETEMBRO

"Justo e o justificador daquele que crê." Romanos, 3:26

Sendo justificados pela fé, temos paz com Deus. A consciência não acusa mais. A memória relembra os pecados passados, com profunda tristeza, mas ainda assim sem medo de qualquer penalidade, pois Cristo pagou a dívida de Seu povo, e a menos que Deus seja tão injusto a ponto de exigir o pagamento duplo de uma dívida, nenhuma alma por quem Jesus morreu como substituto poderá ser lançada no inferno. O crente pode gritar com triunfo glorioso: "Quem oferecerá alguma coisa ao cargo dos eleitos de Deus?". Minha fé não se baseia no que sou, ou serei, ou sinto, ou sei, mas no que Cristo é, no que Ele fez e no que está fazendo agora por mim.

28 DE SETEMBRO

"O Senhor olha desde o céu; ele vê todos os
filhos dos homens." Salmos, 33:13

Talvez nenhuma figura de linguagem represente Deus sob uma luz mais graciosa do que quando se fala d'Ele curvando-se de Seu trono e descendo do céu para atender às necessidades da humanidade. O Senhor inclina seu ouvido da mais alta glória ao pecador cujo coração desanimado anseia pela reconciliação.

29-30 SETEMBRO

Ele está atento aos interesses temporais de Suas criaturas, bem como às suas preocupações espirituais. "Assim como um pai se compadece de seus filhos, assim o Senhor se compadece daqueles que o temem". Não pense que Deus está sentado nas alturas sem levar em conta seus problemas e aflições. Lembre-se de que, por mais pobre e necessitado que você seja, o Senhor pensa em você.

29 DE SETEMBRO

"Encontrei aquele a quem a minha alma ama: segurei-o e não o deixei ir." Cântico dos Cânticos, 3:4

Cristo nos recebe quando vamos a Ele, apesar de toda a nossa pecaminosidade. Ele nunca nos repreende por termos tentado primeiro todos os outros refúgios. E não há ninguém na Terra como Ele, o melhor, o mais belo. Que Jesus seja elevado para sempre, e que minha alma beije seus pés, e lave-os com minhas lágrimas. Amado cristão, faça um pacto com o seu coração de que nunca se afastará d'Ele. O pardal fez uma casa, e a andorinha um ninho para si, onde podem colocar seus filhotes. Ó, Senhor, meu Rei e meu Deus, assim também eu faria meu ninho, minha casa, em Ti. Que eu possa me aninhar perto de Ti, ó Jesus, meu verdadeiro e único descanso.

30 DE SETEMBRO

"Cante a honra do seu nome, torne glorioso o seu louvor." Salmos, 66:2

Não fica a nosso critério se louvaremos a Deus ou não. O louvor é o dever mais justo de Deus, e todo cristão, como destinatário de Sua graça, deve louvar a Deus dia após dia. Não é apenas um exercício prazeroso, mas é a obrigação absoluta da sua vida. Você está obrigado pelos laços de seu amor a abençoar Seu nome enquanto viver, e seu louvor deve estar continuamente em sua boca, pois você é abençoado, "este povo formei para mim, eles manifestarão o meu louvor". Levante-se e cante seu louvor. A cada amanhecer, eleve suas notas de agradecimento e deixe cada pôr do sol ser seguido por sua canção, e o próprio Deus ouvirá do céu e aceitará sua música.

01-03 OUTUBRO

1º DE OUTUBRO

"Ele dará graça e glória." Salmos, 84:11

O Senhor é generoso, dar é o seu deleite. Suas dádivas são preciosas além de qualquer medida, e são dadas tão gratuitamente quanto a luz do Sol. Ele dá graça aos Seus eleitos por causa da Sua aliança, aos chamados por causa da Sua promessa, aos crentes porque a procuram, aos pecadores porque a necessitam. Ele dá graça abundantemente, oportunamente, constantemente. Sua graça consola, preserva, santifica, e Ele a derrama em nossas almas sem cessar. O Senhor nunca negará glória a uma alma a quem Ele deu Sua graça. Na verdade, a glória nada mais é do que graça em plena floração. A glória do céu, a glória da eternidade, a glória de Jesus, a glória do Pai, o Senhor certamente dará aos Seus escolhidos.

2 DE OUTUBRO

"Eu não vim trazer paz à terra, mas uma espada." Mateus, 10:34

Se sua conduta o fizer perder os amigos terrenos, você deve considerar isso apenas uma pequena perda, pois tem um grande amigo no céu. O Mestre disse: "Eu vim para colocar o homem em discórdia contra seu pai, e a filha contra sua mãe; e os inimigos do homem serão os de sua própria casa". Cristo é o grande Pacificador, mas onde a luz vem, as trevas devem se retirar, onde está a verdade, a mentira deve fugir. Mas, se persistir, haverá um conflito severo, pois a verdade não vai diminuir seu padrão, e a mentira será pisoteada. Faça o que é certo com um grau de princípio moral que somente o Espírito de Deus pode operar em você. Siga corajosamente os passos do seu Mestre.

3 DE OUTUBRO

"Um homem muito amado." Daniel, 10:11

Você foi chamado pela graça e conduzido a um Salvador, e feito filho de Deus e herdeiro do céu. Tudo isso prova um amor muito grande e superabundante. Desde aquela época, quer seu caminho tenha sido difícil com problemas ou tranquilo com misericórdias, ele está cheio de provas de que você é muito

04-05 OUTUBRO

amado. Quanto mais indigno você se sentir, mais evidências você terá de que nada além do amor indescritível poderia ter levado o Senhor Jesus a salvar sua alma, mais clara será a demonstração do abundante amor de Deus por ter escolhido, chamado você, e ter feito de você um herdeiro da bem-aventurança. Medite na grandeza e fidelidade do amor divino, e então viva em paz.

4 DE OUTUBRO

"A vida que agora vivo na carne, vivo pela fé no Filho de Deus." Gálatas, 2:20

A vida que a graça confere aos santos no momento da sua vivificação é a vida de Cristo, que, como a seiva do caule, corre para dentro de nós, os ramos, e estabelece uma ligação entre as nossas almas e Jesus. A fé é a graça que percebe essa união, apegando-se ao Senhor Jesus com firmeza e determinação, e nenhuma tentação pode induzi-la a depositar sua confiança em outro lugar. Jesus fica tão encantado com essa graça celestial que nunca deixa de fortalecê-la e sustentá-la com Seu abraço amoroso. Então, é estabelecida uma união viva entre a alma e Cristo, deixando o coração bem mais próximo do céu, preparado para desfrutar uma comunhão mais sublime e espiritual.

5 DE OUTUBRO

"Aquele que crer e for batizado será salvo." Marcos, 16:16

A mente carnal sempre traça para si uma maneira pela qual o ego pode se tornar grande, mas a maneira do Senhor é exatamente o contrário. Crer e ser batizado não são questões de mérito para serem glorificados, mas são tão simples que a vanglória é excluída. Crer é simplesmente confiar, depender, confiar em Cristo Jesus. Ser batizado é submeter-se à ordenança que nosso Senhor cumpriu no Jordão, à qual os convertidos se submeteram no Pentecostes, à qual o carcereiro rendeu obediência na mesma noite de sua conversão. O batismo, como a Ceia do Senhor, não deve ser negligenciado. Se você ainda é um incrédulo, então lembre-se de que há apenas uma porta, e se você entrar por ela, você será salvo.

06-08 OUTUBRO

6 DE OUTUBRO

"Quem beber da água que eu lhe der nunca terá sede." João, 4:14

Aquele que crê em Jesus encontra em seu Senhor o suficiente para satisfazê-lo agora e para sempre, pois ele encontra na religião uma tal fonte de consolo que o deixa muito feliz, porque não tem esperanças terrenas, mas seu coração está firme, confiando no Senhor. O verdadeiro santo está tão completamente satisfeito com a suficiência de Jesus que não tem mais sede. Se você sente que seus desejos estão satisfeitos em Jesus, mas ainda tem necessidade de saber mais sobre Ele e ter uma comunhão mais próxima com Ele, venha continuamente à fonte e beba gratuitamente a água da vida. Jesus sempre o receberá, dizendo: "Beba, sim, beba abundantemente, ó amado".

7 DE OUTUBRO

"Agora, em quem você confia?" Isaías, 36:5

Ouça a resposta do cristão e veja se é a sua. "Em quem você confia?" "Confio", diz o cristão, "no Pai, acreditando que Ele me escolheu. Confio n'Ele para me prover, ensinar, guiar, corrigir, se necessário. Confio que o Filho do verdadeiro Deus é Jesus, que perdoou todos os meus pecados. Confio n'Ele para ser meu Intercessor, para apresentar minhas orações e desejos diante do trono do Pai, bem como para defender minha causa e me justificar. Confio n'Ele para ajudar minha fraqueza, iluminar minha escuridão, e então me levar para habitar com os santos na luz para sempre". Feliz é você se essa confiança for sua! Assim, confiante, você desfrutará de uma doce paz agora, e de glória no futuro.

8 DE OUTUBRO

"Orando no Espírito Santo." Judas, 1:20

Observe a grande característica da verdadeira oração "no Espírito Santo". Somente a oração que vem de Deus pode ir a Deus. Orar no Espírito Santo é orar com fervor. O verdadeiro suplicante reúne forças e fica ainda mais fervoroso quando Deus demora a responder, pois é agradável aos olhos de Deus a importunação chorosa, agonizante. A oração deve ser perfumada com amor pelos

09-10 OUTUBRO

nossos irmãos santos e amor por Cristo. Além disso, deve ser uma oração cheia de fé. O Espírito Santo é o autor da fé, e a fortalece, para que oremos crendo na promessa de Deus. Santíssimo Consolador, exerce teu grande poder dentro de nós, ajudando nossas enfermidades em oração.

9 DE OUTUBRO

"Lancem-se nas profundezas e lancem suas redes para tirar uma corrente de ar." Lucas, 5:4

Os discípulos disseram: "Mestre, trabalhamos a noite toda e não pegamos nada". Qual foi a razão disso? Eles não tinham perseverança? Não, eles trabalharam a noite toda. Houve deficiência de peixes no mar? Certamente não, pois assim que o Mestre chegou, eles nadaram em cardumes até a rede. Qual é então a razão? "Sem ele não podemos fazer nada". Mas com Cristo podemos fazer todas as coisas. Quando Jesus é exaltado, Sua presença é o poder da Igreja. "Eu, se for elevado, atrairei todos os homens para mim." Saia para pescar almas, olhando para cima com fé. Trabalhe até a noite chegar e não trabalhará em vão, pois quem ordena que você lance a rede a encherá de peixes.

10 DE OUTUBRO

"Mas ele não respondeu uma palavra." Mateus, 15:23

Os buscadores genuínos que ainda não obtiveram a bênção podem se consolar com essa história. O Salvador não concedeu a bênção imediatamente, embora a mulher tivesse grande fé n'Ele. "Ele não respondeu uma palavra a ela". Ela não tinha fé? Ela tinha um grau tão alto disso que Jesus disse: "Ó mulher, grande é a tua fé". A fé traz paz, mas nem sempre a traz instantaneamente. Pode haver razões que exijam a prova da fé. Um doloroso silêncio do Salvador é a provação de muitas almas que buscam. Muitos, ao esperarem no Senhor, encontram deleite imediato, mas esse não é o caso de todos. Não desista de confiar no Mestre. Lance-se sobre Ele e dependa d'Ele perseverantemente, mesmo quando você não tiver esperança.

11-13 OUTUBRO

11 DE OUTUBRO

"Capaz de evitar que você caia." Judas, 1:24

Em certo sentido, o caminho para o céu é muito seguro, mas em outros aspectos não existe estrada tão perigosa. Está assolado por dificuldades. Um passo em falso e como é fácil cair, se a graça estiver ausente e dela descuidarmos.. Somos meras crianças dando os primeiros passos trêmulos na caminhada da fé, mas nosso Pai celestial nos segura pelos braços. Oh, se somos impedidos de cair, como devemos abençoar o poder paciente que cuida de nós dia após dia! Esta reflexão o fará cantar mais docemente do que nunca: "Glória seja para aquele capaz de evitar que caiamos". Somente um braço Todo-Poderoso pode nos preservar, esse braço empenhado em nossa defesa. Aquele que prometeu é fiel e é capaz de nos impedir de cair.

12 DE OUTUBRO

"Aos que ele predestinou, a esses também chamou." Romanos, 8:30

Temos "uma vocação santa, não de acordo com as nossas obras, mas sim com Seu propósito e graça". Esse chamado proíbe toda confiança em nossas ações e nos conduz somente a Cristo para a salvação, que nos purifica das obras mortas para servir ao Deus vivo e verdadeiro. Se você é verdadeiramente de Cristo, pode dizer: "Senhor, ajude-me a ser santo". Em Filipenses, 3:13-14, somos informados da "soberana vocação de Deus em Cristo Jesus". Também encontramos em Hebreus, 3:1, "Participantes da chamada celestial", que significa um chamado do céu. Os que foram assim chamados declaram que procuram uma cidade que tenha fundamentos, cujo construtor é Deus, e são estrangeiros e peregrinos na Terra.

13 DE OUTUBRO

"Elevemos o coração com as mãos a Deus que está nos céus."
Lamentações, 3:41

O ato de orar nos ensina nossa indignidade, o que é uma lição muito salutar para seres tão orgulhosos como nós. Se Deus nos desse favores sem nos obrigar

14-15
OUTUBRO

a orar por eles, nunca saberíamos quão pobres somos, mas uma verdadeira oração é uma revelação da pobreza oculta. O estado mais saudável de um cristão é estar sempre vazio de si mesmo e depender constantemente do Senhor para obter suprimentos, pessoalmente fraco, mas poderoso em Deus para realizar grandes façanhas. A oração é um grande benefício para o cristão, pois cinge a fraqueza humana com a força divina, transforma a loucura humana em sabedoria celestial e dá aos mortais perturbados a paz de Deus.

14 DE OUTUBRO

"Até agora o Senhor nos ajudou." 1 Samuel, 7:12

A expressão "até agora" aponta na direção do passado. Na pobreza, na riqueza, na doença, na saúde, na honra, na desonra, na perplexidade, na alegria, na provação, no triunfo, "até agora o Senhor nos ajudou!". É maravilhoso contemplar a longa vista, mas a palavra também aponta para frente, pois "até agora" significa haver uma distância a ser percorrida. Mais provações, mais alegrias; mais tentações, mais triunfos; mais orações, mais respostas; mais lutas, mais vitórias; e depois vem a velhice, a enfermidade, a morte. Acabou? Não! Há o despertar à semelhança de Jesus, vestes brancas, a glória de Deus, a plenitude da eternidade. Tenha bom ânimo, crente, e com grata confiança louve ao Senhor!

15 DE OUTUBRO

"Meditarei em teus preceitos." Salmos, 119:15

Há momentos em que a solidão é melhor do que a sociedade, e o silêncio é mais sábio do que a fala. Seríamos cristãos melhores se estivéssemos mais sozinhos, esperando em Deus e reunindo, através da meditação em sua Palavra, força espiritual. Reflita sobre as coisas de Deus, porque assim obterá delas o verdadeiro alimento. Sua alma não é nutrida apenas ouvindo um pouco da verdade divina, mas também exige a digestão que, em grande parte, depende da meditação sobre ela. Alguns cristãos, embora ouçam muitos sermões, fazem apenas lentos avanços na vida divina, porque não meditam cuidadosamente na Palavra de Deus. De tal loucura, livra-nos, ó Senhor, e seja esta a nossa decisão: "Meditarei nos teus preceitos".

16-18 OUTUBRO

16 DE OUTUBRO

"A tristeza segundo Deus opera arrependimento." 2 Coríntios, 7:10

O arrependimento não se manifesta nos pecadores, a menos que a graça divina a opere neles. Se você tem ódio pelo pecado, Deus deve tê-lo dado a você. O verdadeiro arrependimento fixa os olhos em Cristo, de modo a ver apenas as transgressões à luz do Seu amor. A tristeza pelo pecado é eminentemente prática. Ninguém pode dizer que odeia o pecado, se permanecer nele. O arrependimento nos faz ver o mal do pecado, não como uma teoria, mas na própria experiência. Devemos vigiar nossas ações diárias, para não ofendermos a ninguém, todas as noites fazer confissões das falhas, e todas as manhãs acordar com orações ansiosas, para que Deus nos sustente para não pecarmos contra Ele.

17 DE OUTUBRO

"E não vos conformeis com este mundo." Romanos, 12:2

Leitor, você gostaria de deixar este mundo na escuridão de um leito de morte desanimador e entrar no céu como um náufrago escala as rochas de seu país natal? Então, seja mundano. Mas se você quer compreender o amor de Cristo, que excede todo conhecimento, saia do meio deles e não toque em coisa impura. Você não pode obter a plena certeza da fé enquanto comunga com pecadores, porque seu amor será amortecido pelas inundações da sociedade sem Deus. Você não pode se tornar um grande cristão enquanto se entregar aos modos de negócios do mundo. Mesmo pequenas inconsistências são perigosas. Então, para seu conforto e seu crescimento na graça, seja um cristão distinto.

18 DE OUTUBRO

"Considero todas as coisas como perda pela excelência do conhecimento de Cristo Jesus, meu Senhor." Filipenses, 3:8

O conhecimento espiritual de Cristo é pessoal. Você deve conhecer Seus atributos, Sua glória, o amor de Jesus, que "excede todo o conhecimento". Um grama de conhecimento do coração vale uma tonelada de aprendizado mental.

19-20
OUTUBRO

Quando conhecer seu Salvador, sentirá que tem aquilo que seu espírito ansiava: "Este é aquele pão que, se o homem comer, nunca terá fome". O conhecimento de Jesus o fará muito feliz; na verdade, tão elevado, que às vezes o sustentará acima de todas as provações, dúvidas e tristezas, pois Ele lançará sobre você a imortalidade do Salvador sempre vivo e o cingirá com o cinto de ouro de Sua alegria eterna.

19 DE OUTUBRO

"Contigo está a fonte da vida." Salmos, 36:9

Como o pródigo, às vezes amamos os cochos dos porcos e esquecemos a casa do nosso Pai. Você pode fazer cochos até com a religião, se colocá-la no lugar de Deus. Qualquer coisa se torna um ídolo quando afasta você de Deus, se a adorar, em vez de a Deus. O pródigo nunca esteve mais seguro do que quando foi levado ao seio de seu pai, porque não encontrou sustento em nenhum outro lugar. A melhor posição para um cristão é viver total e diretamente na graça de Deus, "não tendo nada, mas possuindo todas as coisas". Nunca pense que sua posição está em sua santificação. Cristo ofereceu uma expiação completa, por isso você está salvo, pelos méritos de Jesus. Amado, quando tiver sede, volte-se para a fonte da vida.

20 DE OUTUBRO

"Disse-lhes Jesus: Vinde, comei." João, 21:12

Com estas palavras o crente é convidado a uma santa proximidade de Jesus: "Vinde, comei", e às vezes significa apoiar a cabeça no peito do Salvador. A razão não consegue compreender, que "Aquele que come a minha carne e bebe o meu sangue permanece em mim e eu nele". É um convite para desfrutar da comunhão com os santos, todos alimentando-se igualmente do pão da vida enviado do céu. À medida que a taça do amor gira, comprometem-se uns com os outros de coração. Aproxime-se de Jesus e você se verá cada vez mais ligado em espírito a todos os que são como você, sustentados pelo mesmo amor celestial. Se você deseja perceber a união com Jesus e o amor ao seu povo, "Vinde, comei" com Ele pela fé.

21-23 OUTUBRO

21 DE OUTUBRO

"Ele reunirá os cordeiros com o braço." Isaías, 40:11

Nosso bom Pastor tem em seu rebanho uma variedade de experiências, mas Ele é imparcial no cuidado de todas as Suas ovelhas, e o cordeiro mais fraco na fé é tão querido para ele quanto o forte do rebanho, propenso a vagar e a ficar cansado, mas de todo o perigo o Pastor a protege com seu braço de poder. Ele encontra almas recém-nascidas, prestes a perecer, mas Ele as nutre até que se tornem vigorosas. Ele encontra mentes fracas prontas para desmaiar e morrer, mas Ele as consola e renova suas forças. Ele reúne todos os pequeninos, pois não é vontade de nosso Pai celestial que nenhum deles pereça. Que coração terno para cuidar de todos! Que braço potente e de longo alcance para reunir a todos!

22 DE OUTUBRO

"Eis que obedecer é melhor do que sacrificar." 1 Samuel, 15:22

Sacrifícios não são desculpa para a rebeldia. A atual geração idólatra, que gosta muito dos ornamentos da adoração, negligencia as leis de Deus. Lembre-se de obedecer estritamente a seu Salvador. Isso é melhor do que qualquer religião. Seguir os preceitos de Deus é melhor do que trazer sacrifícios para colocar sobre Seu altar. Alguns falham em guardar os mandamentos de Cristo, mesmo com todas as ações devotas que possam realizar. "Obedecer é melhor do que sacrificar", porque Deus exige de seus filhos a obediência. Você pode entregar todos os seus bens para alimentar os pobres, mas se não der ouvidos aos preceitos do Senhor isso não lhe servirá de nada. Obedeça à palavra do Senhor!

23 DE OUTUBRO

"Deus, meu criador, que dá canções à noite." Jó, 35:10

Qualquer pessoa pode cantar durante o dia, quando a colheita é abundante, mas é hábil quem canta quando não há um raio de luz para o coração. Uma canção noturna deve ser divinamente inspirada. Em um deserto, onde nenhuma coisa verde cresce, quase ninguém consegue compor um hino de louvor a

Deus. Não está no poder do ser humano cantar quando tudo está adverso. Foi um cântico divino, que Habacuque cantou à noite: "Ainda que a figueira não floresça, não haja fruto nas vides, os campos não produzam, e não haja gado nos currais; contudo, me alegrarei no Senhor, exultarei no Deus da minha salvação". Então, visto que nosso Criador dá canções durante a noite, esperemos n'Ele pela música.

24 DE OUTUBRO

"Bebês em Cristo." 1 Coríntios, 3:1

Anime-se, pois você tem motivos para agradecer a Deus. Lembre-se de que em algumas coisas você é igual ao maior e mais maduro cristão. Você é um filho de Deus tanto quanto qualquer outro crente, e está completamente justificado, porque mesmo sua pouca fé o tornou totalmente limpo. No registro familiar de glória, o pequeno e o grande são escritos com a mesma caneta. Você é tão querido ao coração de seu Pai quanto o maior da família. Em vez de ficar abatido, você deveria triunfar em Cristo. É pequeno, mas em Cristo pode se sentar nos lugares celestiais. É pobre na fé, mas Jesus o tornou herdeiro de todas as coisas. Regozije-se no Senhor, o Deus da sua salvação.

25 DE OUTUBRO

"Cresça n'Ele em todas as coisas." Efésios, 4:15

Muitos cristãos permanecem atrofiados nas coisas espirituais, de modo a apresentarem a mesma aparência ano após ano. Nenhum surgimento de sentimentos avançados se manifesta neles. Eles existem, mas não "crescem n'Ele em todas as coisas". Deveríamos avançar para a "espiga" e eventualmente amadurecer no "milho cheio na espiga". Você deve desejar ser enriquecido no conhecimento de Jesus. Se quiser amadurecer na graça, deve viver perto de Jesus, manter uma doce comunhão com Ele, avançando em santidade, em amor, em fé, em esperança, em todos os dons preciosos. Carregue os raios do Sol da Justiça, e o brilho de sua refulgência bem alto, para que todos possam ver, e vendo-o glorifiquem o Pai que está no céu.

26-28 OUTUBRO

26 DE OUTUBRO

"Por que vocês estão perturbados? E por que os pensamentos surgem em seus corações?" Lucas, 24:38

O Senhor cuida de todas as coisas, e "O anjo do Senhor acampa ao redor daqueles que o temem". Embora seja o Salvador de todos, Ele é especialmente salva aqueles que creem. Você recebe Seu cuidado peculiar, e "Os próprios cabelos da sua cabeça estão todos contados". O pensamento de Seu amor especial por você é um analgésico espiritual, um tranquilizador para sua angústia: "Nunca te deixarei, nem te desampararei". Compreenda a palavra divina com uma fé pessoal. Pense que você ouve Jesus dizer: "Roguei por ti para que a tua fé não desfaleça". Que o Espírito Santo faça você sentir e aceitar a voz de Jesus dirigida a você.

27 DE OUTUBRO

"O amor de Cristo nos constrange." 2 Coríntios, 5:14

Quanto você deve ao meu Senhor? Ele já fez alguma coisa por você? Ele perdoou seus pecados? Ele te cobriu com um manto de justiça? Ele colocou seus pés sobre uma rocha? Ele preparou o céu para você? Ele escreveu seu nome no livro da vida? Ele guardou para você misericórdias que os olhos não viram e os ouvidos não ouviram? Então, faça algo por Jesus digno de Seu amor. Não dê uma mera oferta verbal ao Redentor. O amor deve dar asas aos pés do serviço e força aos braços do trabalho. Fixados em Deus com uma constância que não deve ser abalada, decididos a honrá-lo com uma determinação que não deve ser desviada e avançando com um ardor para nunca nos cansarmos, manifestemos as restrições do amor a Jesus.

28 DE OUTUBRO

"Ele tomará o que é meu e o mostrará a você." João, 16:15

Há momentos em que todas as promessas e doutrinas da Bíblia são inúteis, a menos que uma mão graciosa as aplique a nós. Estamos com sede, mas fracos demais para rastejar até o riacho. É assim com nossas almas, e para atender a

29-30 OUTUBRO

essa necessidade existe o Espírito da verdade, que toma as coisas de Jesus e as aplica a nós. As promessas que Ele escreveu na Palavra, escreverá novamente em seu coração. Ele manifestará Seu amor por você e, por meio de Seu bendito Espírito, dissipará suas preocupações e problemas, porque Deus prometeu enxugar toda lágrima dos olhos de Seu povo. O pobre e desgastado peregrino é fortalecido para caminhar. Glorioso Espírito Santo, que traz graça antes de buscarmos!

29 DE OUTUBRO

"Eu os amarei livremente." Oséias, 14:4

É uma condensação da gloriosa mensagem de salvação que nos foi entregue em Cristo Jesus, nosso Redentor: a palavra "livremente". Esse é o caminho glorioso, adequado e divino pelo qual o amor flui do céu, um amor espontâneo para aqueles que não o merecem nem o procuram. Reclamamos: "Senhor, meu coração está tão duro, não sinto minha necessidade de Cristo como gostaria". Lembre-se de que temos a promessa de Deus que nos foi feita em Jesus: "Quem n'Ele crê não é condenado". É uma bênção saber que a graça de Deus para nós não tem preço! Certamente, a generosidade da promessa quebrará seu coração, e você retornará e buscará a face de seu Pai.

30 DE OUTUBRO

"Levante-se e ore, para não cair em tentação." Lucas, 22:46

O cristão está mais propenso a dormir quando as circunstâncias são prósperas. Estradas fáceis deixam os viajantes sonolentos. Outro momento perigoso é quando tudo corre bem nos assuntos espirituais. A terra encantada é um lugar de brisas amenas, carregadas de odores perfumados e influências suaves, todas tendendo a embalar o sono dos peregrinos. Não há tentação tão perigosa quanto não ser tentado. A alma angustiada não dorme. Os discípulos adormeceram depois de terem visto Jesus transfigurado no topo da montanha. Cuidado, cristão, boas atitudes são vizinhas das tentações. Então, seja tão feliz quanto quiser, apenas esteja atento, e "ore, para não cair em tentação".

31 DE OUTUBRO

"Você também vai embora?" João, 6:67

Até agora você não descobriu que seu Senhor é um amigo compassivo e generoso, e a simples fé n'Ele não lhe deu toda a paz que seu espírito poderia desejar? Quando estamos duramente confrontados com este mundo, ou com as provações mais severas, achamos uma coisa muito abençoada apoiar a cabeça no seio de nosso Salvador. Se somos pobres, nada melhor do que ter Cristo para nos tornar ricos. Quando estamos doentes, queremos Jesus para arrumar a nossa cama na nossa doença. Quando morrermos, está escrito que "nem a morte, nem a vida, nem as coisas presentes, nem as coisas futuras poderão nos separar do amor de Deus, que está em Cristo Jesus, nosso Senhor!". Diga, como Pedro: "Senhor, para quem iremos?".

Confie no sacrifício expiatório de Cristo, pois somente aí uma alma perturbada pode encontrar descanso. Se você diz que, de alguma forma, não consegue obter paz, então terá de fazer estas perguntas a si mesmo: você preparou seu coração? Você foi a Cristo de todo o coração e alma? Você o procurou com todas as suas forças? Espero que você perceba que o arrependimento e a fé são coisas muito ruins para se brincar, pois tal brincadeira condenará a alma. "O reino dos céus sofre violência" nesse assunto. Não podemos arrepender-nos nem crer com metade do coração, mas é preciso colocar toda a nossa alma para que a salvação seja nossa. Agora, se você buscou ao Senhor de todo o seu coração, certamente O encontrará. E então, depois, "esquecerás a tua miséria e lembrar-te-ás dela como águas que passam". Nunca houve um homem que, de todo o coração, buscasse o Senhor Jesus Cristo, que mais cedo ou mais tarde, não O encontrasse.

01-03 NOVEMBRO

1º DE NOVEMBRO

"As árvores do Senhor estão cheias de seiva." Salmos, 104:16

Sem seiva a árvore não pode florescer ou sequer existir. A vitalidade é essencial para um cristão. Deve haver vida — um princípio vital infundido em nós por Deus, o Espírito Santo, ou não poderemos ser árvores do Senhor. Não compreendemos a circulação da seiva, a força para ela subir e como ela desce novamente. A regeneração realizada pelo Espírito Santo dá uma vida divina em um crente. Nossa raiz é Jesus, e n'Ele está escondida nossa vida. Como a seiva se manifesta na produção da folhagem e do fruto da árvore, assim é com um cristão verdadeiramente saudável, a graça se manifesta em seu caminhar. Se você observar suas ações, verá que ele esteve com Jesus.

2 DE NOVEMBRO

"Ele começou a lavar os pés dos discípulos." João, 13:5

Jesus ama tanto a Seu povo, que todos os dias Ele sente a tristeza mais profunda de Suas ovelhas, seu menor desejo Ele ouve, e todas as suas transgressões Ele perdoa. Dia após dia, Ele cura nossas enfermidades e perdoa nossos pecados. Ontem à noite, quando você dobrou os joelhos e confessou tristemente que grande parte de sua conduta não era digna, lamentando-se por ter caído novamente no mesmo pecado, ainda assim Jesus tem muita paciência com você, ouve sua confissão e diz: "Eu quero, sê limpo". É um grande ato de amor eterno quando Cristo absolve de uma vez por todas o pecador, com muita longanimidade, suporta as loucuras recorrentes de seu discípulo rebelde. Isso é realmente divino!

3 DE NOVEMBRO

"Pelo amor da verdade, que habita em nós e estará conosco para sempre." 2 João, 1:2

Quando a verdade de Deus entra no coração, nenhum poder será capaz de desalojá-la. Aqueles que sentem o poder vital do Evangelho e conhecem o poder do Espírito Santo prefeririam ser despedaçados a serem arrancados da

04-05
NOVEMBRO

sua salvação. Mil misericórdias estão envolvidas na certeza de que a verdade estará conosco para sempre, nosso sustento vivo, nosso conforto na morte, nossa glória eterna. A verdade de que somos pecadores é dolorosa para nos humilhar e nos tornar vigilantes. E a verdade mais abençoada é que todo aquele que crê no Senhor Jesus será salvo. Lute contra o erro, mas ainda ame ao irmão pela verdade que vê nele; acima de tudo, ame e divulgue a verdade.

4 DE NOVEMBRO

"É um ditado fiel." 2 Timóteo, 2:11

Paulo tem quatro "declarações fiéis". A primeira, em 1 Timóteo 1:15: "Jesus veio ao mundo para salvar os pecadores". A próxima, em 1 Timóteo 4:6: "A piedade é proveitosa para todas as coisas, tendo a promessa da vida que existe agora e da que há de vir". A terceira, em 2 Timóteo 2:12: "Se sofrermos com ele, também reinaremos com ele". E a quarta, em Tito 3:8: "Aqueles que creram em Deus tenham o cuidado de manter boas obras". A primeira, é o fundamento da salvação. A segunda, as bênçãos da piedade e da eternidade. A terceira, um dos deveres do cristão: sofrer por Cristo para também reinar com Ele. A última é o serviço cristão: manter boas obras. Que essas quatro palavras fiéis sejam escritas em seu coração.

5 DE NOVEMBRO

"Eu escolhi você do mundo." João, 15:19

Alguns são feitos objetos especiais da afeição divina. Não tenha medo de insistir nessa elevada doutrina da eleição, quando sua mente estiver mais pesada e deprimida. Aqueles que duvidam das doutrinas da graça perdem os vinhos bem refinados, as as refeições mais sofisticadas, pois é o mel que ilumina seu coração para amar e aprender os mistérios do reino de Deus. Deseje ter sua mente ampliada, para que você possa compreender cada vez mais o amor eterno e discriminador de Deus. Quando você tiver subido tão alto quanto a eleição, permaneça no monte, na aliança da graça, cujo compromisso é como a rocha estupenda atrás da qual estamos entrincheirados. Jesus é o tranquilo local de descanso de espíritos trêmulos.

06-08
NOVEMBRO

6 DE NOVEMBRO

"Mas seus olhos estavam fechados para que não
o conhecessem." Lucas, 24:16

Os discípulos deveriam ter reconhecido Jesus, pois ouviram sua voz tantas vezes e olharam para aquele rosto com tanta frequência que é espantoso que não tenham percebido que era Ele. Você tem um problema sombrio esta noite, e embora Ele diga claramente: "Sou eu, não tenha medo", ainda assim você não consegue reconhecê-lo? Embora Cristo esteja muito perto de nós, dizemos: "Oh, se eu soubesse onde O encontrar!". Deveríamos conhecer Jesus, pois temos as Escrituras para refletir sua imagem. Jesus está acostumado a comungar com Seu povo. Somente a fé pode nos levar a ver Jesus. Faça esta a sua oração: "Senhor, abre meus olhos, para que eu possa ver meu Salvador presente comigo".

7 DE NOVEMBRO

"Portanto, desta maneira orai: Pai Nosso que estás
nos céus." Mateus, 6:9

Essa oração começa com o espírito de adoção, "Pai Nosso", o qual percebe a grandeza do Pai "no céu" e ascende à adoração: "Santificado seja o teu nome. Venha o teu reino, seja feita a tua vontade, assim na terra como no céu". A seguir, a expressão de dependência de Deus: "O pão nosso de cada dia nos dá hoje". Iluminado pelo Espírito, você descobre que também é pecador, por isso implora: "Perdoa-nos as nossas dívidas, assim como nós perdoamos aos nossos devedores", e sendo perdoado, suplica humildemente por perseverança: "Não nos deixes cair em tentação". Assim, desde um sentimento de adoção até a comunhão com nosso Senhor, esse modelo de oração conduz a alma.

8 DE NOVEMBRO

"Eu te louvarei, ó Senhor." Salmos, 9:1

O louvor sempre deve seguir-se à oração respondida. O Senhor teve misericórdia de você e inclinou Seus ouvidos à voz da sua súplica? Então, louve-O enquanto

09-10 NOVEMBRO

viver. Silenciar é ingratidão, é agir como os nove leprosos, que depois de terem sido curados não voltaram para dar graças ao Senhor. O louvor, assim como a oração, é um grande meio de promover o crescimento da vida espiritual. Ajuda a remover os fardos, a despertar a esperança, a aumentar a fé. É uma forma de beneficiar nossos semelhantes, pois "os humildes ouvirão e se alegrarão". Eles também "cantarão nos caminhos do Senhor", quando nos ouvirem magnificar Seu santo nome. O louvor é o mais celestial dos deveres cristãos.

9 DE NOVEMBRO

"Renove um espírito reto dentro de mim." Salmos, 51:10

Na renovação é necessário o mesmo exercício da graça que na conversão. Queríamos fé para que pudéssemos ir a Cristo. Somente a mesma graça pode nos levar a Jesus. Lembre-se de que Davi, quando se sentiu impotente, não cruzou os braços nem fechou os lábios, mas clamou: "Renova um espírito reto dentro de mim". Ore sinceramente a Deus para fazer isso, e provará sua honestidade usando os meios pelos quais Deus opera. Esteja em oração, viva da Palavra de Deus, tenha cuidado para vigiar os futuros levantes do pecado. Continue em todas aquelas abençoadas ordenanças que promoverão a graça, sabendo que todo o poder deve proceder de Deus, e não deixe de clamar: "Renove um espírito reto dentro de mim".

10 DE NOVEMBRO

"E não o perceberam, até que veio o dilúvio e os levou a todos: assim será também a vinda do Filho do homem." Mateus, 24:39

Nem rico nem pobre escapou, eruditos e analfabetos, religiosos e profanos, velhos e jovens, todos afundaram numa ruína comum. Outros o ameaçaram por seu zelo, o que consideraram uma loucura. Os críticos que julgaram a obra e a fidelidade de Noé, mas não partilhavam delas, afundaram-se para não mais se levantarem. A enchente varreu todos eles e não abriu nenhuma exceção. A destruição final é certa para todos, pois nenhuma posição, posse ou caráter será suficiente para salvar uma única alma que não tenha crido no Senhor Jesus. Saiba que todos estão seguros em Jesus.

11-13 NOVEMBRO

11 DE NOVEMBRO

"Eis que ele ora." Atos, 9:11

Muitas vezes, um pobre de coração partido dobra o joelho, mas só consegue expressar seu lamento na linguagem de suspiros e lágrimas, e essa lágrima é apanhada por Deus e guardada no céu. O suplicante, cujos medos impedem suas palavras, será bem compreendido pelo Altíssimo. Ele pode apenas olhar para cima com os olhos turvos, mas "a oração é o cair de uma lágrima". Não pense que sua oração, por mais fraca ou trêmula que seja, será desconsiderada. Nosso Deus não apenas ouve a oração, mas também gosta de ouvi-la. "Ele não esquece o clamor dos humildes". Onde quer que haja um coração cheio de tristeza, ou um lábio trêmulo de agonia, ou um gemido profundo, ou um suspiro penitencial, o coração de Deus está aberto.

12 DE NOVEMBRO

"A oração deles subiu até Sua santa morada, até o céu." 2 Crônicas, 30:27

A oração é o recurso infalível do cristão em qualquer caso, em todas as situações difíceis. A oração é uma porta aberta que ninguém pode fechar. Nunca poderemos ser tomados por bloqueio, escalada, mina ou tempestade, enquanto os socorros celestiais puderem descer até nós para nos aliviar no momento de nossas necessidades. Em todas as condições, seja de pobreza, ou doença, ou obscuridade, ou calúnia, ou dúvida, o Deus da aliança acolherá sua oração e a responderá do Seu lugar santo. Você nem sempre conseguirá o que pede, mas sempre terá seus desejos reais atendidos. Não se esqueça de oferecer sua petição, pois o Senhor está pronto para conceder-lhe seus desejos.

13 DE NOVEMBRO

"Na tua luz veremos a luz." Salmos, 36:9

O sábio sabe que o Sol deve revelar-se, e somente pelo seu brilho aquela lâmpada poderosa pode ser vista. É assim com Cristo. O Espírito de Deus deve vir com poder e nos cobrir com suas asas, e então, Jesus deve mostrar-se aos

14-15 NOVEMBRO

olhos santificados. A grande massa deste mundo de olhos turvos não pode ver nada da glória do Senhor, rejeitado pelos vaidosos e desprezado pelos orgulhosos. "Ele é a Rocha da sua salvação", mas para outros ele é "uma pedra de tropeço e uma rocha de ofensa". Felizes aqueles a quem o Senhor se manifesta, pois Sua promessa a tais é que fará morada com eles. Ó, Jesus, nosso Senhor, nosso coração está aberto, entre e não saia mais. Mostre-se para nós agora!

14 DE NOVEMBRO

"Pois a minha força se aperfeiçoa na fraqueza." 2 Coríntios, 12:9

Uma qualificação primária para fazer a obra de Deus bem e triunfantemente é um senso de fraqueza. Quando o guerreiro de Deus se vangloria: "Sei que vencerei, meu braço direito e minha espada vitoriosa me trarão a vitória", a derrota não está muito distante, pois "não é por força, nem por violência, mas pelo meu Espírito, diz o Senhor". Deus esvazia tudo o que você tem antes de colocar o que é d'Ele em você, não permite que nenhuma força seja usada, a não ser a força que Ele transmite. Deve haver uma consciência de fraqueza antes que o Senhor lhe dê a vitória. Seu vazio é apenas a preparação para ser preenchido, e seu rebaixamento é apenas a preparação para sua elevação.

15 DE NOVEMBRO

"Seja grato a ele e abençoe seu nome." Salmos, 100:4

O Senhor deseja que todo o Seu povo tenha pensamentos elevados e felizes a respeito de Sua pessoa abençoada. Pense em como Deus estima o Unigênito. Pensamentos elevados sobre Cristo nos permitirão agir de forma consistente em nossas relações para com Ele. Quanto mais humildes formos ao nos curvamos diante do trono, mais verdadeiramente estaremos preparados para desempenhar nosso serviço a Jesus, submetendo-nos alegremente à Sua autoridade. Pensamentos elevados sobre Ele aumentam nosso amor. Pense no poderoso amor que O tirou do trono para morrer na cruz! Veja-O ressuscitado, coroado, glorificado! Curve-se diante d'Ele como o Deus poderoso, pois somente assim o seu amor por Ele será verdadeiro.

16-18 NOVEMBRO

16 DE NOVEMBRO

"Dizendo: Este é o sangue do testamento que Deus vos ordenou." Hebreus, 9:20

Quando contemplamos o sangue do Filho de Deus, nosso temor aumenta e estremecemos ao pensar na culpa do pecado e na terrível penalidade que Jesus suportou. Seu sangue selou a aliança da graça e a tornou segura para sempre. Oh, que prazer é ser salvo sobre o fundamento seguro do compromisso divino que não pode ser desonrado! Jesus tornou válido Seu testamento, que não teria poder a menos que o testador morresse. Feliz é aquele que vê seu título às bênçãos assegurado a ele por um Salvador. Mas esse sangue nos convida a nos santificarmos, chama-nos à novidade de vida e nos incita à inteira consagração ao Senhor. Ó, que o poder do sangue possa ser sentido em nós!

17 DE NOVEMBRO

"Derramarei água sobre aquele que tem sede." Isaías, 44:3

Quando um crente cai em um estado de tristeza, ele muitas vezes tenta sair dele castigando-se com medos sombrios. Esse não é o caminho para se levantar do pó, mas sim para continuar nele. Não é a lei, mas o Evangelho que salva a alma que busca uma liberdade que pode restaurar o crente. Você está com sede do Deus vivo? Perdeu a alegria, e sua oração é: "Restaura-me a alegria da tua salvação"? Peça, e receberá a graça que tanto necessita. Você será revigorado, seus desejos serão satisfeitos, sua vida será frutífera nos caminhos de Deus. Todas as riquezas da graça divina você receberá em abundância, e ficará encharcado como às vezes os prados são inundados pelas cheias dos rios.

18 DE NOVEMBRO

"E sereis minhas testemunhas." Atos, 1:8

Para aprender a cumprir o seu dever de testemunha de Cristo, veja o exemplo dele. Ele estava sempre testemunhando noite e dia. Ele testemunhou em todas as circunstâncias. Os escribas e fariseus não puderam calar Sua boca, mesmo diante de Pilatos. Cristão, faça da sua vida um testemunho claro, para

19-20 NOVEMBRO

que o amor do seu coração a Deus possa ser visível a todos. Não se vanglorie de integridade, mas seja reto. Assim, seu testemunho será tal que as pessoas não podem deixar de vê-lo. A tempo e fora de tempo, testemunhe do Salvador, e se, por amor de Cristo e do Evangelho, tiver de suportar sofrimento, não recue, mas regozije-se pela honra conferida a você de ser considerado digno de sofrer por causa de seu Senhor.

19 DE NOVEMBRO

"E as suas mãos ficaram firmes até o pôr do sol." Êxodo, 17:12

A oração de Moisés era tão poderosa que tudo dependia dela. Suas petições desconcertaram o inimigo mais do que a luta de Josué. No conflito da alma, a força e o fervor, a decisão e a devoção devem unir suas forças, e tudo correrá bem. Você deve orar em particular com Deus. A oração, assim como a de Moisés, mantém o símbolo da aliança diante do Senhor, que não pode negar as próprias declarações. Segure a vara da promessa e tenha o que quiser. Cuidado com a fraqueza na devoção. Clame por força especial, e que o Espírito de Deus o capacite a continuar com as mãos firmes "até o pôr do sol", até o nascer de um Sol melhor na Terra onde a oração é absorvida pelo louvor.

20 DE NOVEMBRO

"Assim como recebestes a Cristo Jesus, o Senhor." Colossenses, 2:6

A vida de fé é representada por receber, um ato simplesmente de aceitar um presente. Como a noite aceita a luz das estrelas, assim nós participamos da graça de Deus. Somos vasos vazios nos quais Deus derrama Sua salvação. Por um ato de fé, Jesus se torna uma pessoa real em nosso coração. Mas receber também significa tomar posse. Quando recebo Jesus, ele se torna meu Salvador, tão meu que nem a vida nem a morte poderão roubá-lo de mim. Tudo isso é receber Cristo – tomá-lo como um dom gratuito de Deus. Ele nos deu perdão dos pecados. O Filho de Deus foi derramado em nós, e nós o recebemos e nos apropriamos d'Ele. Que Jesus sincero deve ser, pois o próprio céu não pode contê-lo!

21-23 NOVEMBRO

21 DE NOVEMBRO

"As fortalezas das rochas serão o seu alto refúgio, o seu pão lhe será dado, as suas águas serão certas." Isaías, 33:16

Você acha que seu Pai celestial, embora saiba que você precisa de comida e roupas, ainda assim se esquecerá de você? Talvez sua aflição continue até que você aprenda a confiar em seu Deus. Muitos foram os que foram provados até que finalmente foram levados ao puro desespero de exercer fé em Deus, e o momento de sua fé foi o de sua libertação, pois viram que Deus cumpre Sua promessa. Nosso Deus é verdadeiro e fiel, e com tantos exemplos de Seu amor e de Sua bondade, é indesculpável permitir que uma dúvida permaneça em nosso coração. Que possamos com uma fé inabalável acreditar que Ele cumprirá o que prometeu.

22 DE NOVEMBRO

"Então, andai n'Ele." Colossenses, 2:6

Se você receber a Cristo em seu coração, sua nova vida manifestará seu íntimo conhecimento d'Ele por meio de um caminhar de fé, o que significa ação. Quem anda em Cristo age como Cristo agiria justamente por estar n'Ele, sua esperança, seu amor, sua alegria e sua vida, o reflexo da imagem de Jesus. Caminhar significa progresso. "Então, andai n'Ele", prossiga de graça em graça, avance até atingir o grau máximo de conhecimento, sempre com Ele, seguindo Seus passos e fazendo Sua vontade. Persevere da mesma maneira como você começou, com a confiança da sua fé, a fonte da sua vida, sua ação e a alegria do seu espírito, deixe-O ser o mesmo até o fim.

23 DE NOVEMBRO

"Basta ao discípulo ser como seu mestre." Mateus, 10:25

Quando nosso Senhor esteve na Terra, o tratamento que recebeu foi de desprezo, Ele foi rejeitado pelas pessoas. Se você é um seguidor de Jesus e mantém uma caminhada semelhante à de Cristo, as pessoas o tratarão como trataram o Salvador – elas o desprezarão. Não sonhe que os mundanos irão admirá-lo, ou

24-25
NOVEMBRO

que quanto mais santo e mais semelhante a Cristo você for, mais pacificamente as pessoas agirão em relação a você. É um mau presságio ouvir um mundo perverso bater palmas e gritar "Muito bem" ao cristão. Seja fiel ao Mestre e não tenha amizade com um mundo cego e vil que O despreza e rejeita. Longe de nós buscar uma coroa de honra onde nosso Senhor encontrou uma coroa de espinhos.

24 DE NOVEMBRO

"Ele escolherá nossa herança para nós." Salmos, 47:4

Se sua condição econômica for humilde, esteja satisfeito com sua porção terrena. A sabedoria de Deus ordenou sua sorte na melhor e mais segura posição. Algumas plantas morrem se receberem muito sol. O Lavrador amoroso pode ter posto você nessa situação para produzir frutos com perfeição. Lembre-se disto: se qualquer outra condição fosse melhor para você, o amor divino não o teria colocado lá. Você foi colocado por Deus nas circunstâncias mais adequadas e deve clamar: "Senhor, escolha minha herança para mim, pois por minha obstinação estou atravessado por muitas tristezas". Contente-se com as coisas que você tem, pois o Senhor ordenou todas as coisas para o seu bem.

25 DE NOVEMBRO

"E aconteceu naqueles dias que ele subiu a um monte para orar e passou a noite orando a Deus." Lucas, 6:12

Se alguém pudesse viver sem orar, seria nosso Senhor, mas ninguém esteve tão em súplica quanto Ele! Sua comunhão com o Pai era como Seu amor pelo Seu povo. A oração de Jesus no monte é uma lição para nós. O horário que escolheu foi admirável, era a hora do silêncio, quando a multidão não o incomodava. Quando outros encontravam descanso no sono, Ele se refrescava com a oração. Ele estava sozinho onde ninguém se intrometeria, onde ninguém observava. Assim, ficou livre da ostentação. Não podemos vigiar com Ele uma hora, mas Ele vigiava por nós noites inteiras. Aprenda com Jesus a recorrer à oração especial quando estiver sob provações.

26-28 NOVEMBRO

26 DE NOVEMBRO

"A prova de sua fé." 1 Pedro, 1:7

A fé não experimentada pode ser verdadeira, mas certamente será pouca fé, enquanto não passar por provações. A fé nunca prospera tão bem como em período de provação. As tempestades são seus treinadores. Quando a calma reina no mar, o navio não se move para o seu porto. Mas, se os ventos soprarem e as águas se levantarem, então, embora o navio possa balançar, e seu mastro possa ranger sob a pressão da vela cheia, você avança em direção ao seu refúgio desejado. Nenhuma fé é tão preciosa quanto a que vive e triunfa na adversidade. A fé provada traz experiência, aumenta em solidez, segurança e intensidade, quando exercida em tribulações. Você nunca teria conhecido a força de Deus se não tivesse sido provado.

27 DE NOVEMBRO

"O dever de orar sempre, e nunca desfalecer." Lucas, 18:1

Cristãos devem orar sempre e não desmaiar. Jesus os escolheu com a mesma missão para a qual Ele veio, e essa missão inclui intercessão. A porta da graça está sempre aberta para as suas petições, e elas nunca voltam de mãos vazias. Você sempre precisa de oração, pelos cordeiros, para que permaneçam no seio de Cristo, pelos fortes, para que não se tornem presunçosos, e para os fracos, para que não se desesperem. Se orarmos dia e noite, talvez nunca ficaríamos sem uma súplica especial. Será que alguma vez ficamos sem os doentes e os pobres? Será que ficamos sem os que buscam a conversão de parentes, a recuperação dos desviados ou a salvação dos perdidos? Que você seja constante em súplicas.

28 DE NOVEMBRO

"Eu sou a videira, quem está em mim, e eu nele,
esse dá muito fruto." João, 15:5

É bom se lembrar daquele tempo dos primeiros frutos para Jesus. Qualquer ação em nome d'Ele frutifica. Não se permita viver longe de Jesus, afrouxar a oração, afastar-se da simplicidade de sua fé. Nunca diga: "Minha montanha permanece firme, nunca serei abalado". Alguns aprenderam por meio de terrí-

29-30 NOVEMBRO

veis humilhações de coração diante do Senhor, e quando viram a total esterilidade, clamaram em angústia: "d'Ele todos os meus frutos devem ser originados, pois nenhum fruto jamais poderá vir de mim". Somos ensinados, pela experiência, que quanto mais simplesmente dependermos da graça de Deus em Cristo e esperarmos no Espírito Santo, mais produziremos frutos para Deus.

29 DE NOVEMBRO

"Tu és desde a eternidade." Salmos, 93:2

Cristo é eterno. D'Ele podemos cantar, como Davi: "Teu trono, ó Deus, é para todo o sempre". Alegre-se em Jesus Cristo, o mesmo ontem, hoje e para sempre. O título pelo qual Cristo se revelou a João em Patmos foi: "Aquele que é, e que era, e que há de vir". Jesus não está morto, "Ele vive sempre para fazer intercessão por nós". Recorra a Ele em todos os momentos de necessidade. Ele está esperando para abençoá-lo, e você descobrirá que a mão do seu Salvador o alegrará. Jesus continuará sendo a fonte perene de alegria, vida e glória para Seu povo. Ele é eterno em todos os Seus atributos, em todos os seus cargos, em todo o seu poder e na disposição de abençoar, confortar, guardar e coroar Seu povo escolhido.

30 DE NOVEMBRO

"Ó Senhor, tu defendeste as causas da minha alma."
Lamentações, 3:58

Observe quão positivamente o profeta fala. Ele não diz: "Espero, confio, às vezes penso, que Deus defendeu as causas de minha alma", mas sim, como um fato que não deve ser contestado: "Você defendeu as causas da minha alma". Com a ajuda do gracioso Consolador, livre-se das dúvidas e medos que tanto prejudicam a sua paz. Observe com que gratidão o profeta fala, atribuindo toda a glória somente a Deus! Ele não atribui sua libertação de forma alguma ao próprio mérito, mas diz: "Ó, Senhor, tu defendeste as causas da minha alma; tu redimiste a minha vida". Um espírito grato deve ser sempre cultivado pelo cristão, principalmente depois das libertações.

01-03
DEZEMBRO

1º DE DEZEMBRO

"Os coelhos são apenas um povo fraco, mas fazem suas casas nas rochas." Provérbios, 30:26

Conscientes da própria vulnerabilidade natural, os coelhos recorrem a tocas nas rochas e ficam protegidos de seus inimigos. Aprenda a lição com essas criaturas fracas, pois é tão fraco e tão exposto ao perigo quanto o tímido coelho. Portanto, seja tão sábio quanto eles para procurar um abrigo. As promessas inalteráveis de Deus permanecem como gigantescas paredes de rocha, e os baluartes de Seus gloriosos atributos são garantias de segurança para aqueles que n'Ele confiam. A bem-aventurança é de quem coloca sua confiança no Senhor. Quando seus pecados o perseguirem, fuja para a rocha, Cristo Jesus, e encontre um local de descanso encantador.

2 DE DEZEMBRO

"Não entristeças o Espírito Santo." Efésios, 4:30

Tudo o que o crente faz deve ser unicamente pelo Espírito da graça. Assim como todas as bênçãos fluem para você através de Cristo, nada de bom pode sair de você em pensamentos ou atos, sem a operação santificadora do mesmo Espírito. Mesmo que a boa semente seja semeada em você, ela permanecerá adormecida, a menos que Ele opere em você o querer e o realizar. Você quer atuar na obra do Mestre? Então, não O entristeça por causa do pecado. Não comece nenhum projeto, não realize nenhum empreendimento sem Sua bênção. Dependa somente d'Ele, com a oração: "Abre meu coração e todo o meu ser para a tua vinda, e sustenta-me com teu Espírito livre quando terei recebido esse Espírito em meu interior".

3 DE DEZEMBRO

"Suba para a alta montanha." Isaías, 40:9

Cada crente deve ter sede do Deus vivo, e desejar subir o monte do Senhor para vê-lo face a face. Não descanse nas brumas do vale quando o cume o espera. Sua alma deve ansiar por beber do cálice reservado para os

04-05 DEZEMBRO

que alcançam o cume da montanha e banham o rosto no céu. Quão puro é o ar da montanha! Desperte da sua condição baixa! Livre-se de sua letargia, frieza ou qualquer coisa que interfira em seu amor puro por Cristo. Faça d'Ele a fonte de todo o deleite da sua alma. Não viva nas terras baixas da escravidão agora que a liberdade nas montanhas lhe foi conferida. Prossiga em direção a coisas mais celestiais. Aspire a uma vida mais nobre e mais plena. Para cima, para o céu! Mais perto de Deus!

4 DE DEZEMBRO

"Comunhão com ele." 1 João, 1:6

Quando fomos unidos pela fé a Cristo, fomos levados a uma comunhão tão completa com Ele que nos tornamos um, e os interesses d'Ele e os nossos tornaram-se idênticos. Ele ama os pecadores, mas que desejam ver os desertos da Terra transformados no jardim do Senhor – nós também. Ele deseja que o nome do Pai seja adorado por todos, e nós oramos: "Venha o teu reino. Seja feita a tua vontade, assim na terra como no céu". Temos comunhão com Cristo em seus sofrimentos. Não somos pregados na cruz, mas é muito bom ser desprezado por seguir o Mestre. O discípulo não deve estar acima do seu Senhor. Não há prazer mais puro do que ter a alegria de Cristo cumprida em nós, para que nossa alegria seja completa.

5 DE DEZEMBRO

"Porque ele disse a Moisés: Terei misericórdia de quem eu quiser ter misericórdia, e terei compaixão de quem eu quiser ter compaixão." Romanos, 9:15

Com essas palavras, o Senhor, da maneira mais clara, reivindica o direito de dar ou reter Sua misericórdia de acordo com a própria vontade soberana. Por causa de seus pecados as pessoas perdem o direito, merecem perecer. Se o Senhor quiser intervir para salvar alguém, Ele poderá fazê-lo, mas se Ele julgar melhor deixar o condenado sofrer a sentença justa, ninguém terá motivos para reclamar. Quando o Senhor se dignar a olhar para nós, será um ato livre de bondade imerecida, pelo qual abençoaremos para sempre Seu nome.

6 DE DEZEMBRO

"Para pregar libertação aos cativos." Lucas, 4:18

Ninguém, exceto Jesus, pode libertar os cativos. A verdadeira liberdade é concedida com justiça pelo Filho, que tem o direito de tornar as pessoas livres. Os santos honram a justiça de Deus, que agora assegura a sua salvação. Cristo a comprou pelo seu sangue. Você fica livre porque Ele carregou o seu fardo por você, foi posto em liberdade porque Ele sofreu em seu lugar. Jesus não nos pede nada para essa liberdade. Ele nos salva exatamente como somos, e tudo sem nossa ajuda ou mérito. Deixe o Mestre dizer: "Cativo, eu te libertei", e isso será feito para sempre, pois aquele que começou a boa obra irá aperfeiçoá-la até o fim. Você não está mais sob a lei, mas livre, então sirva a Deus com gratidão.

7 DE DEZEMBRO

"O perdão dos pecados, segundo as riquezas da sua graça." Efésios, 1:7

Não há palavra mais doce em qualquer idioma do que a "perdão", quando soa ao ouvido de um pecador. Abençoada para sempre seja a querida estrela do perdão que brilha na cela do condenado e dá aos que perecem um brilho de esperança em meio ao desespero! Jesus diz que a revelação do amor expiatório não apenas é possível, mas também que está garantido a todos os que n'Ele creem. Que felicidade ser uma alma perdoada! Perdoada plenamente e para sempre! Curve-se diante do trono que o absolve, agarre a cruz que o liberta, sirva doravante, todos os dias, ao Deus Encarnado, através de quem se tornou uma alma perdoada.

8 DE DEZEMBRO

"Muito me alegrei quando os irmãos vieram e testemunharam da verdade que há em ti, assim como tu andas na verdade." 3 João, 1:3

A verdade deve entrar na alma, penetrá-la e saturá-la, caso contrário não terá valor. A doutrina mantida como uma questão de credo é como pão na mão, que não fornece nenhum alimento ao corpo, mas a que é aceita pelo coração é como um alimento digerido que sustenta e edifica o corpo. A verdade deve ser

09-10
DEZEMBRO

uma força viva, uma parte de seu ser. Um cristão pode morrer, mas não pode negar a verdade. Andar na verdade significa integridade, santidade, fidelidade e simplicidade, viver segundo os princípios que o Evangelho ensina. Seja governado pela autoridade divina, para que nada de falso ou pecaminoso possa reinar em seu coração!

9 DE DEZEMBRO

"Louve ao Senhor por sua bondade e por suas maravilhosas obras." Salmos, 107:8

Louve diariamente a Deus pelas misericórdias tão inestimáveis, por contemplar o Sol, pela saúde e força para caminhar, pelo pão que come, pelas roupas que veste. Louve ao Senhor por não estar entre os desesperados, pela liberdade, pelos amigos, pelas associações familiares, por tudo o que recebe de Sua mão generosa. Mas, amado, a nota mais doce em suas canções de louvor deveria ser a do amor redentor. Se sabe o que significa redenção, não deixe de lado os sonetos de ação de graças. Desperte, herdeiro da glória, e clame, como Davi: "Bendize ao Senhor, ó minha alma; e tudo o que há dentro de mim bendiga o seu santo nome".

10 DE DEZEMBRO

"Peça e lhe será dado." Mateus, 7:7

Há um lugar na Inglaterra onde uma porção de pão é servida a cada transeunte que decide pedir, basta bater à porta do Hospital St. Cross e receberá pão. Jesus ama tanto os pecadores que permitiu a esse hospital que uma pessoa com fome precise apenas bater e receber. A fonte está sempre cheia, sempre eficaz. Além disso, há um guarda-roupa anexo a esse hospital, e quem quiser pode ser vestido da cabeça aos pés. Se todas essas coisas podem ser obtidas simplesmente batendo à porta, peça grandes coisas ao seu generoso Senhor. Não deixe o trono da graça até que todas as suas necessidades tenham sido apresentadas diante do Senhor, e até que pela fé você tenha uma perspectiva de que todas elas serão supridas.

11-13 DEZEMBRO

11 DE DEZEMBRO

"Assim como é o celestial, tais também são os celestiais."
1 Coríntios, 15:48

Jesus morreu, mas assim é o registro: "Porque eu vivo, vós também vivereis". Tal como é nossa amorosa Cabeça, tal é o corpo e cada membro. Um Chefe e Salvador vivo e Seus membros vivos. Existe uma dupla união da natureza como base nessa comunhão mais íntima. Você é tão honrado que pode dizer ao Todo-Poderoso: "Pai", e ao Filho: "Tu és meu irmão". Certamente, se a ascendência de famílias nobres faz as pessoas se considerarem importantes, temos motivos de sobra para nos gloriarmos. Que o crente mais desprezado se apodere desse privilégio e trace sua linhagem, e que não ocupe seus pensamentos com a exclusão dessa celestial honra de união com Cristo.

12 DE DEZEMBRO

"Fiz-me tudo para todos, para poder por todos os meios salvar alguns." 1 Coríntios, 9:22

Os objetivos de Paulo eram tanto instruir quanto salvar. Ele desejava ver pessoas renovadas no coração, perdoadas, santificadas. Nossos trabalhos cristãos não podem ser direcionados a algo abaixo disso, pois, de que adiantará, no último grande dia, ter ensinado pessoas se elas comparecerem diante de Deus sem salvação? Paulo se entregou com zelo incansável a divulgar o Evangelho, a alertar e a suplicar que as pessoas se reconciliassem com Deus. Se ele pudesse salvar alguns, ficaria satisfeito. Onde está o nosso amor a Cristo, se não tentarmos salvar pessoas? Ó, que Jesus nos sature completamente com um zelo eterno pelas almas.

13 DE DEZEMBRO

"Deus escolheu as coisas básicas do mundo." 1 Coríntios, 1:28

Vá até a prisão, caminhe pelas enfermarias e reformatórios, e encontrará pecadores. Você não precisa vasculhar a Terra, pois eles são bastante comuns, em todas as cidades. Foi por esses que Jesus morreu, porque veio buscar e salvar os pecadores. Escória inútil ele transforma em ouro puro. O amor redentor separou muitas das piores coisas da humanidade para serem a recompensa da paixão do Salvador. A graça chama muitos dos mais vis para se sentarem à

14-16
DEZEMBRO

mesa da misericórdia e, assim, não deixar ninguém se desesperar. Pelo amor que brota dos olhos de Jesus, pela compaixão do Salvador, não se afaste, mas acredite n'Ele e será salvo, Ele o levará para a glória eterna.

14 DE DEZEMBRO

"Tu, ó Deus, preparaste a tua bondade para os pobres." Salmos, 68:10

Todos os dons de Deus são presentes preparados para necessidades previstas. Ele antecipa nossas necessidades. Jesus provê sua bondade para os pobres. Você pode confiar n'Ele para todas as necessidades que possam ocorrer, pois Ele infalivelmente conhece de antemão cada uma delas. Deus conhece todas as necessidades de Seus pobres filhos, e quando precisam, os suprimentos estão prontos. É a bondade que ele preparou para os pobres de coração. "Minha graça é suficiente para você". Ele tem reservadas para você exatamente as bênçãos de que precisa. Pleiteie a promessa, acredite nela e obtenha o seu cumprimento. Nunca você chegará a uma posição tal que Cristo não possa ajudá-lo.

15 DE DEZEMBRO

"Meu povo habitará em lugares tranquilos de descanso." Isaías, 32:18

A paz e o descanso são propriedades do povo do Senhor. O Deus da Paz dá paz perfeita àqueles cujos corações estão n'Ele. No dia da ira universal, quando o dilúvio varreu uma raça culpada, a família escolhida ficou segura no local de descanso da arca, que a fez flutuar do velho mundo condenado para a nova terra do arco-íris e da aliança. Jesus é a arca da nossa salvação. Descanse nas promessas do nosso Deus fiel, sabendo que Suas palavras estão cheias de verdade e poder. Jesus é o tranquilo lugar de descanso do Seu povo, e quando nos aproximamos d'Ele, ao ouvirmos a palavra, na oração ou no louvor, encontramos uma o retorno da paz aos nossos espíritos.

16 DE DEZEMBRO

"Vocês servem ao Senhor Jesus." Colossenses, 3:24

A quem foi dita essa palavra? Para reis que orgulhosamente ostentam um direito divino? Ah, não! Paulo falou para multidões trabalhadoras, os

17-18 DEZEMBRO

diaristas, os empregados domésticos, pois encontrou, como ainda encontramos, alguns dos escolhidos do Senhor, e a eles disse: "Tudo o que fizerdes, fazei-o de todo o coração, como ao Senhor, e não aos homens; sabendo que do Senhor recebereis a recompensa". Isso enobrece a rotina cansativa das ocupações mais humildes. A loja, a copa e a cozinha tornam-se templos quando homens e mulheres fazem tudo para a glória de Deus! Toda a vida se torna santidade ao Senhor, e todo lugar tão consagrado quanto o tabernáculo e seu castiçal de ouro.

17 DE DEZEMBRO

"Fiel é aquele que vos chama." 1 Tessalonicenses, 5:24

O céu é um lugar onde os cansados descansam, a "herança imaculada", a terra de perfeita santidade e, portanto, de total segurança. Mas a palavra de Deus diz que todos os que têm união com o Cordeiro estão seguros, que os que entregaram suas almas à guarda de Cristo encontram n'Ele um preservador fiel. Apoiados por tal doutrina, desfrute da segurança mesmo na Terra, a qual surge da promessa de Jesus de que os que creem n'Ele jamais perecerão. Reflita com alegria sobre a doutrina da perseverança dos santos e honre a fidelidade de Deus por uma santa confiança n'Ele. Que nosso Deus traga para você a sensação de segurança em Cristo Jesus! Creia com fé inabalável que "fiel é aquele que te chama".

18 DE DEZEMBRO

"Estou crucificado com Cristo." Gálatas, 2:20

Jesus agiu como representante público, e sua morte na cruz foi a morte virtual de todos os Seus santos, que fizeram uma expiação por todos os pecados. Paulo deleitou-se ao pensar que, como membro do povo escolhido de Cristo, ele morreu na cruz em Cristo. Ele fez mais do que acreditar nisso doutrinariamente, ele depositou nisso a esperança de que havia encontrado a reconciliação com Deus. Ele sentiu o poder em si mesmo ao crucificar sua velha natureza corrupta. Essa deve ser a experiência de todo verdadeiro

19-20 DEZEMBRO

cristão. Tendo recebido a Cristo, ele está crucificado com Cristo e, ao mesmo tempo, ressuscitado em novidade de vida! A união com o Salvador e a morte para o mundo e o pecado alegram a alma.

19 DE DEZEMBRO

"Eles vão cada vez mais fortes." Salmos, 84:7

"Eles vão cada vez mais fortes" significa que ficam cada vez mais fortes. Geralmente, se estamos caminhando, passamos da força à fraqueza. Começamos renovados e em boas condições para nossa jornada, mas aos poucos a estrada fica difícil e o Sol está quente, sentamo-nos à beira do caminho e novamente seguimos nosso caminho. Mas o peregrino cristão, tendo obtido novos suprimentos de graça, fica tão vigoroso depois de anos de árduas viagens e lutas como quando partiu pela primeira vez, pois os que esperam no Senhor renovarão suas forças, subirão com asas como águias, correrão e não se cansarão, caminharão e não desfalecerão. Deus dará a força de acordo com o fardo atribuído a seus ombros.

20 DE DEZEMBRO

"Eu sou a porta: se alguém entrar por mim, será salvo." João, 10:9

Jesus é a entrada na verdadeira igreja. Ele dá a quem vem a Deus por meio d'Ele quatro privilégios.

1. Ele será salvo. Ninguém pode se perder se tomar Jesus como porta de fé para sua alma, é a garantia de entrada no céu.

2. Ele terá o privilégio de entrar nas câmaras de comunhão, nos banquetes do amor, nos tesouros da aliança, nos depósitos das promessas.

3. Ele será chamado a dar testemunho da verdade, a animar os desconsolados, a alertar os descuidados, a ganhar almas e a glorificar a Deus.

4. Ele nunca terá falta. Na comunhão com Deus ele crescerá, e ao regar os outros ele será regado. Tendo feito de Jesus o seu tudo, ele encontrará tudo em Jesus.

21-23 DEZEMBRO

21 DE DEZEMBRO

"Venha até mim." Mateus, 11:28

A lei repelia as pessoas, mas o Evangelho atrai com amor. Jesus é o bom pastor que vai adiante de suas ovelhas, sempre as conduzindo com a doce palavra: "Venha". Desde o primeiro momento de sua vida espiritual até que você seja conduzido à glória, a linguagem de Cristo para você será: "Venha a mim". Assim como uma mãe estende a mão para seu filho e o convida a caminhar dizendo: "Venha", Jesus também o faz. Ele estará sempre à sua frente para pavimentar e limpar seu caminho, e você ouvirá Sua voz animadora chamando você durante toda a vida, e mesmo na hora solene da morte suas doces palavras com as quais Ele o conduzirá ao mundo celestial serão: "Vinde, bendito de meu Pai".

22 DE DEZEMBRO

"Andareis em todo o caminho que vos manda o Senhor vosso Deus, para que vivais e bem vos suceda, e prolongueis os dias na terra." Deuteronômio, 5:33

Devemos evitar a ingratidão e viver diariamente na atmosfera celestial do amor. Cristãos, vocês devem amar uns aos outros, não por causa do ganho que obtêm uns dos outros, mas sim por causa do bem que podem fazer uns aos outros. As estações mudam e você muda, mas o Senhor permanece sempre o mesmo, e as correntes de Seu amor são tão profundas, tão amplas e tão plenas como sempre. O amor de Jesus é a fonte da salvação. Ele nos ama, e nós vivemos. Seus olhos nunca dormem e Suas mãos nunca descansam. Seu coração nunca para de bater de amor e Seus ombros nunca se cansam de carregar os fardos de Seu povo.

23 DE DEZEMBRO

"Sim, eu te amei com um amor eterno." Jeremias, 31:3

Jesus diz palavras de amor: "Tu és todo justo, meu amor". O Espírito Santo, da maneira mais graciosa, testemunha o amor de Jesus. Ele toma as coisas de Cristo e as revela para nós. Nenhuma voz é ouvida das nuvens, mas temos

24-25
DEZEMBRO

um testemunho melhor. Se um anjo voasse do céu e informasse a você sobre o amor do Salvador, a evidência não seria nem um pouco mais satisfatória do que a trazida ao coração pelo Espírito Santo. Sim, amado crente, você e eu temos momentos de refrigério na presença do Senhor, e então nossa fé atinge as alturas. Temos confiança para apoiar nossas cabeças no seio de nosso Senhor, como João fez. Ele nos beija e acaba com nossas dúvidas com a proximidade do seu abraço.

24 DE DEZEMBRO

"Eis que uma virgem conceberá e dará à luz um filho,
e chamará o seu nome Emanuel." Isaías, 7:14

Desçamos hoje a Belém e, em companhia de pastores maravilhados e magos adoradores, vejamos aquele que nasceu Rei dos Judeus, pois pela fé podemos reivindicar interesse n'Ele e podemos cantar: "Para nós, um menino nasceu, um filho nos foi dado". Jesus é nosso Senhor e nosso Deus. Notemos sua concepção milagrosa, que uma virgem concebeu e deu à luz um Filho. Curvemo-nos reverentemente diante do Santo Menino, cuja inocência restaura em nós a esperança da glória. Emanuel, Deus conosco em nossa tristeza, em nosso trabalho, em nossa sepultura, e agora conosco, ou melhor, nós com Ele, na ressurreição, ascensão, triunfo e esplendor do Segundo Advento.

25 DE DEZEMBRO

"Eis que estou sempre com você." Mateus, 28:20

A promessa de Jesus é: "Eis que estou sempre com você". Ele está tão certamente conosco agora como estava com os discípulos. De todas as coisas no mundo que podem incendiar o coração, não há nada como a presença d'Ele! Quando Jesus está conosco, todo poder é desenvolvido e toda graça fortalecida, e nos lançaremos ao serviço do Senhor com coração e alma e força. A presença de Cristo deve ser desejada acima de todas as coisas e, para isso, você deve crescer em conformidade com Ele. Coloque-se, pelo poder do Espírito, em união com os desejos, motivos e planos de ação de Jesus, e você provavelmente será favorecido com sua companhia. Sua promessa é tão verdadeira agora como sempre.

26-28 DEZEMBRO

26 DE DEZEMBRO

"Eu te fortalecerei." Isaías, 41:10

Deus cumpre Seu compromisso porque é capaz de fazer todas as coisas. Não pense que sua força algum dia será capaz de superar o poder de Deus. Enquanto os enormes pilares da Terra permanecerem de pé, você terá motivos suficientes para permanecer firme em sua fé. O mesmo Deus que dirige a Terra em sua órbita prometeu fornecer força diária e cumprir as próprias promessas. Lembre-se do que Deus fez nos dias antigos, como falou e tudo foi criado. Será que aquele que criou o mundo ficará cansado? Ó tu que és meu Deus e minha força, posso acreditar que Tua promessa será cumprida, pois o reservatório ilimitado de Tua graça nunca pode ser esgotado, e o depósito transbordante de Tua força nunca pode ser esvaziado.

27 DE DEZEMBRO

"Chame os trabalhadores e pague-lhes o salário." Mateus, 20:8

Deus é um bom pagador. Ele paga seus servos enquanto trabalham, e um dos Seus pagamentos é este: uma consciência tranquila. Se você falou fielmente de Jesus a uma pessoa, quando você vai para a cama à noite você se sente feliz ao pensar: "Hoje eu livrei minha consciência do sangue daquele humano". Ser um ganhador de almas é a coisa mais feliz do mundo. Com cada alma que você traz a Cristo, você obtém um novo céu na Terra. Mas quem pode conceber a felicidade que nos espera lá em cima! Oh, quão doce é esta frase: "Entra na alegria do teu Senhor!". Quando os céus soarem com "Muito bem, muito bem", você participará da recompensa, seu rosto brilhará e sua alma estará cheia de alegrias.

28 DE DEZEMBRO

"Amigo, suba mais alto." Lucas, 14:10

Quando a vida da graça começa na alma, nós realmente nos aproximamos de Deus. Mas à medida que o cristão cresce na graça, embora ele nunca se esqueça de sua posição, e nunca perca aquele santo temor que deve envolvê-lo

29-30 DEZEMBRO

por estar na presença de Deus, é chamado mais alto, para um maior acesso a Jesus. Ao se aproximar do trono verá um Deus de amor, de bondade e de misericórdia, desfrutará de uma liberdade de intercessão mais sagrada, porque, enquanto estiver prostrado diante da glória de Deus, estará na presença de misericórdia ilimitada e amor infinito. Você é convidado a subir mais alto e é capacitado a exercer o privilégio de regozijar-se em Deus e aproximar-se d'Ele com santa confiança, dizendo: "Aba, Pai".

29 DE DEZEMBRO

"Para o seu bem, ele ficou pobre." 2 Coríntios, 8:9

Assim como o rico não consegue ter comunhão com seus irmãos pobres, a menos que compartilhe seus bens para atender às suas necessidades, seria impossível a Jesus ter tido comunhão conosco, a menos que tivesse repartido Sua abundante riqueza e se tornado pobre para nos tornar ricos. Se ele tivesse permanecido em Seu trono de glória, e se tivéssemos continuado nas ruínas da queda sem receber Sua salvação, a comunhão teria sido impossível de ambos os lados. Portanto, foi necessário que o justo Salvador desse a seus irmãos pecadores sua perfeição, e que nós, os pobres e culpados, recebêssemos de Sua plenitude. Aqui está o amor: por sua causa, Jesus fez-se pobre, para o elevar à comunhão com Ele.

30 DE DEZEMBRO

"Sim, você não ouviu; sim, você não sabia; sim, desde aquele momento em que seu ouvido não foi aberto." Isaías, 48:8

Existem assuntos que deveríamos ter visto, corrupções que avançaram despercebidas, doces afetos destruídos como flores na geada, abandonados por nós, a face divina que poderia ser percebida se não tapássemos as janelas da nossa alma. Devemos adorar a graça de Deus, porque Ele ainda lida conosco com misericórdia! Maravilhe-se por Cristo, ao ser pendurado na cruz, previu que você poderia ser frio de coração, relaxado na oração, e ainda assim Ele disse: "Eu sou o Senhor teu Deus, o Santo de Israel, teu Salvador [...] Visto que

31 DEZEMBRO

foste precioso aos meus olhos, foste honrado e eu te amei!". Ó Senhor, dá-nos doravante o ouvido que ouve!

31 DE DEZEMBRO

"E o Senhor te guiará continuamente." Isaías, 58:11

Deus não o deixou em sua peregrinação terrena sob a orientação de um anjo, mas é Ele mesmo que o lidera. Jesus nunca o abandonará. Observe a palavra: "Eu nunca te deixarei, nem te desampararei". Você tem um monitor perpétuo, basta ouvir a voz orientadora do Grande Pastor. Se você precisar mudar sua posição na vida, se for lançado na pobreza ou subitamente elevado a uma posição de maior responsabilidade do que a que ocupa agora, não tema, pois "o Senhor te guiará continuamente". Não há dilemas dos quais você não será libertado se viver perto do Senhor. Não erra quem vai na companhia de Jesus, que tem sabedoria para direcioná-lo, amor imutável para confortá-lo e poder eterno para defendê-lo.

Graças a Deus, recordaremos nossas tristezas no céu apenas para louvar a Deus pela graça que nos sustentou quando passamos por elas, mas não nos lembraremos delas como faz uma pessoa que cortou o dedo e ainda carrega a cicatriz na carne. No céu, você não terá nenhum vestígio da tristeza da Terra, não terá, em seu corpo glorificado, ou em sua alma e espírito perfeitamente santificados, qualquer vestígio de mancha, ou ruga, ou outra coisa que mostre que você já passou aflições, ou mesmo que você alguma vez teve doenças que deixam marcas em nossas mãos ou rostos. Ah!, no céu, não haverá nenhum vestígio de qualquer tipo de dor ou tristeza.

Wikimedia Commons/ Alexander Melville

PALAVRAS DE ESPERANÇA

Retenhamos firmes a confissão da nossa esperança; porque fiel é o que prometeu.
Hebreus, 10:23

Ora o Deus de esperança vos encha de todo o gozo e paz em crença, para que abundeis em esperança pela virtude do Espírito Santo.
Romanos, 15:13

Ora, a fé é o firme fundamento das coisas que se esperam, e a prova das coisas que se não veem.
Hebreus, 11:1

Mas, se esperamos o que não vemos, com paciência o esperamos.
Romanos, 8:25

Porque para isto trabalhamos e somos injuriados, pois esperamos no Deus vivo, que é o Salvador de todos os homens, principalmente dos fiéis.
1 Timóteo, 4:10

PALAVRAS DE CONSOLO

Humilhai-vos, pois, debaixo da potente mão de Deus, para que a seu tempo vos exalte; Lançando sobre ele toda a vossa ansiedade, porque ele tem cuidado de vós.
1 Pedro, 5:6-7

Sejam vossos costumes sem avareza, contentando-vos com o que tendes; porque ele disse: Não te deixarei, nem te desampararei.
Hebreus, 13:5

E ouvi uma grande voz do céu, que dizia: Eis aqui o tabernáculo de Deus com os homens, pois com eles habitará, e eles serão o seu povo, e o mesmo Deus estará com eles, e será o seu Deus. E Deus limpará de seus olhos toda a lágrima; e não haverá mais morte, nem pranto, nem clamor, nem dor; porque já as primeiras coisas são passadas.
Apocalipse, 21:3-4

Porque, como as aflições de Cristo são abundantes em nós, assim também é abundante a nossa consolação por meio de Cristo.
2 Coríntios, 1:5

Porque não desprezou nem abominou a aflição do aflito, nem escondeu dele o seu rosto; antes, quando ele clamou, o ouviu.
Salmos, 22:24

PALAVRAS DE MISERICÓRDIA

Então Pedro, aproximando-se dele, disse: Senhor, até quantas vezes pecará meu irmão contra mim, e eu lhe perdoarei? Até sete? Jesus lhe

LISTA TEMÁTICA

disse: Não te digo que até sete; mas, até setenta vezes sete.
Mateus, 18:21-22

Assim vos fará, também, meu Pai celestial, se do coração não perdoardes, cada um a seu irmão, as suas ofensas.
Mateus, 18:35

E ela disse: Ninguém, Senhor. E disse-lhe Jesus: Nem eu também te condeno; vai-te, e não peques mais.
João, 8:11

E rasgai o vosso coração, e não as vossas vestes, e convertei-vos ao Senhor vosso Deus; porque ele é misericordioso, e compassivo, e tardio em irar-se, e grande em benignidade, e se arrepende do mal.
Joel, 2:13

Porque, se perdoardes aos homens as suas ofensas, também vosso Pai celestial vos perdoará a vós; Se, porém, não perdoardes aos homens as suas ofensas, também vosso Pai vos não perdoará as vossas ofensas.
Mateus, 6:14-15

Não julgueis, e não sereis julgados; não condeneis, e não sereis condenados; soltai, e soltar-vos-ão.
Lucas, 6:37

Confessei-te o meu pecado, e a minha maldade não encobri. Dizia eu: Confessarei ao Senhor as minhas transgressões; e tu perdoaste a maldade do meu pecado.
Salmos, 32:5

PALAVRAS DE AMOR

E Jesus disse-lhe: Amarás o Senhor teu Deus de todo o teu coração, e de toda a tua alma, e de todo o teu pensamento. Este é o primeiro e grande mandamento. E o segundo, semelhante a este, é: Amarás o teu próximo como a ti mesmo.
Mateus, 22:37,39

Agora, pois, permanecem a fé, a esperança e o amor, estes três, mas o maior destes é o amor.
1 Coríntios, 13:13

Se me amais, guardai os meus mandamentos.
João, 14:15

O amor seja não fingido. Aborrecei o mal e apegai-vos ao bem.
Romanos, 12:9

O amor seja não fingido. Aborrecei o mal e apegai-vos ao bem. Amai-vos cordialmente uns aos outros com amor fraternal, preferindo-vos em honra uns aos outros.
Romanos, 12:9-10

LISTA TEMÁTICA

Ninguém tem maior amor do que este, de dar alguém a sua vida pelos seus amigos.
João, 15:13

E, respondendo o Rei, lhes dirá: Em verdade vos digo que quando o fizestes a um destes meus pequeninos irmãos, a mim o fizestes.
Mateus, 25:40

Amai, pois, a vossos inimigos, e fazei bem, e emprestai, sem nada esperardes, e será grande o vosso galardão, e sereis filhos do Altíssimo; porque ele é benigno até para com os ingratos e maus.
Lucas, 6:35

PALAVRAS DE FÉ

Porque, assim como o corpo sem o espírito está morto, assim também a fé sem obras é morta.
Tiago, 2:26

Sabendo que a prova da vossa fé opera a paciência.
Tiago, 1:3

E Jesus disse-lhe: Se tu podes crer, tudo é possível ao que crê.
Marcos, 9:23

Para que, segundo as riquezas da sua glória, vos conceda que sejais corroborados com poder pelo seu Espírito no homem interior; Para que Cristo habite pela fé nos vossos corações; a fim de, estando arraigados e fundados em amor.
Efésios, 3:16-17

Olhando para Jesus, autor e consumador da fé, o qual, pelo gozo que lhe estava proposto, suportou a cruz, desprezando a afronta, e assentou-se à destra do trono de Deus.
Hebreus, 12:2

Se formos infiéis, ele permanece fiel; não pode negar-se a si mesmo.
2 Timóteo, 2:13

Mas o justo viverá pela fé; E, se ele recuar, a minha alma não tem prazer nele.
Hebreus, 10:38

Porque todo o que é nascido de Deus vence o mundo; e esta é a vitória que vence o mundo, a nossa fé.
1 João, 5:4

E Jesus lhes disse: Eu sou o pão da vida; aquele que vem a mim não terá fome, e quem crê em mim nunca terá sede.
João, 6:35

ENCONTRE MAIS
LIVROS COMO ESTE